ETHNOGRAPHIE

DE

L'ALGÉRIE

PAR

O. HOUDAS

PROFESSEUR A L'ÉCOLE SPÉCIALE DES LANGUES ORIENTALES
MEMBRE DE LA SOCIÉTÉ D'ETHNOGRAPHIE

Orné de gravures

PARIS

MAISONNEUVE FRÈRES ET CH. LECLERC, ÉDITEURS

LIBRAIRES DE LA SOCIÉTÉ D'ETHNOGRAPHIE

25, QUAI VOLTAIRE, 25

1886

Жена

4228

BIBLIOTHÈQUE ETHNOGRAPHIQUE

PUBLIÉE SOUS LA DIRECTION DE M. LÉON DE ROSNY

V

ETHNOGRAPHIE DE L'ALGÉRIE

BIBLIOTHÈQUE ETHNOGRAPHIQUE

VOLUMES PUBLIÉS :

SOUS PRESSE :

EN PRÉPARATION :

ANGERS, IMP. BURDIN ET Cie, RUE GARNIER.

ETHNOGRAPHIE

DE

L'ALGÉRIE

PAR

O. HOUDAS

PROFESSEUR A L'ÉCOLE SPÉCIALE DES LANGUES ORIENTALES
MEMBRE DE LA SOCIÉTÉ D'ETHNOGRAPHIE

Orné de gravures

PARIS

MAISONNEUVE FRÈRES et CH. LECLERC, ÉDITEURS

LIBRAIRES DE LA SOCIÉTÉ D'ETHNOGRAPHIE

25, QUAI VOLTAIRE, 25

1886

ETHNOGRAPHIE DE L'ALGÉRIE

INTRODUCTION

L'Algérie ne constitue pas un domaine ethnographique à part; ainsi que le Maroc et la Tunisie, elle forme une des divisions artificielles que les circonstances politiques ont tracées dans cette grande région que nous appelions autrefois « États barbaresques, » et à laquelle les Arabes continuent à donner aujourd'hui le nom de Maghreb. Toutefois, depuis 1830, l'occupation française a modifié dans une certaine mesure les conditions d'existence des quatre races ou sous-races qui peuplaient l'Algérie et leur a déjà donné une physionomie particulière qui les différencie légèrement de celles du Maroc et de la Tunisie. En outre, il se forme sous le nom d'Algériens une race nouvelle chez laquelle les caractères spéciaux apportés par chacun des éléments d'origine latine qui la composent, tendent à se fondre pour constituer un ensemble de traits communs. L'influence persistante du milieu ne tardera pas à fixer et à accentuer ce qu'il y a encore d'indécis dans la constitution ethnographique de ces néo-algériens.

Jusqu'ici, les indigènes n'ont point pris part à cette fusion des divers groupes européens. La différence des mœurs plus que celle des religions en a été la principale cause. Les femmes européennes ne sauraient consentir à vivre dans la dure condition imposée aux femmes indigènes et celles-ci qui accepteraient volontiers l'existence plus douce que comporte notre civilisation, ne sont point libres de choisir un époux. Elles se marient à un âge trop tendre pour oser discuter le parti que leur proposent leurs parents et, vivant cachées aux regards de tous les hommes, il leur est impossible d'attirer l'attention des jeunes gens européens qui pourraient peut-être s'éprendre d'elles et réussir à vaincre l'hostilité des familles indigènes à l'égard de ces unions mixtes. Il est, du reste, difficile de se prononcer sur le sort de semblables mariages. Les orphelines recueillies pendant la famine de 1867 et converties au catholicisme n'ont point fait des ménagères exemplaires. Il est juste d'ajouter qu'elles se trouvaient dans des circonstances particulièrement défavorables : sans fortune, méprisées et haïes des musulmanes, tenues à l'écart par les européennes, elles ont vécu dans un triste isolement que la religion a été impuissante à rendre supportable. Cette expérience n'est donc nullement probante, et il faut espérer que de nouvelles tentatives d'unions mixtes faites dans des conditions plus normales donneront des résultats moins décourageants. Dans tous les cas, l'essai doit être tenté, et il suffira, pour faciliter cette fusion si désirable dans l'intérêt des vainqueurs, aussi bien que dans celui des vaincus, que l'on arrive, par des transformations successives de la loi musulmane, à modifier la situation fâcheuse faite à la femme dans la société arabe.

CHAPITRE PREMIER

Le sol et la nature.

L'Algérie occupe, dans la partie septentrionale du continent africain qui fait face au littoral méditerranéen de la France, une superficie d'environ 66 millions d'hectares. Elle embrasse la zone comprise entre les 30ᵉ et 37° degrés de latitude nord et les 7ᵉ de longitude orientale et 5ᵉ de longitude occidentale. Elle n'a d'autre limite naturelle que la mer Méditerranée au nord, car ce sont des limites conventionnelles qui la séparent : à l'ouest, du Maroc ; à l'est, de la Tunisie, et au sud, des territoires parcourus par les Chaamba et les Touaregs.

Deux séries de massifs montagneux dont l'orientation générale est O.-S.-O — E.-N.-E. partagent le pays en trois régions naturelles principales : 1° le Tell ; 2° les Hauts-Plateaux ; 3° la zone saharienne.

Le Tell est constitué par la partie du territoire algérien qui longe le rivage de la Médi-

terranée ; sa largeur va en croissant de l'est
à l'ouest et varie entre 110 et 250 kilomètres. La superficie totale de cette zone peut
être estimée à 15 millions d'hectares. Au point
de vue du climat, de la faune et de la flore,
le Tell présente la plus grande analogie avec
les provinces méridionales de l'Europe et
particulièrement avec le sud de l'Espagne ;
aussi les Européens s'y acclimatent-ils sans
trop de difficultés. Cette région offre un relief
assez tourmenté : les parties planes qu'on y
rencontre et qui portent le nom de plaines
ne sont en général que l'épanouissement des
grandes vallées ; les collines et les montagnes
forment la plus importante partie du sol. Tout
ce territoire est, du reste, fertile et produit
en abondance toutes les plantes alimentaires
communes aux divers pays de l'Europe méri-
dionale. Au centre de cette région, entre
Dellis et Collo, comme aussi dans la partie
la plus éloignée du rivage de la mer, les montagnes sont plus hautes et plus nombreuses ;
là, la fertilité est moindre et l'homme doit
multiplier ses efforts pour obtenir de la terre
qu'elle lui fournisse ses produits.

À l'est, les côtes de l'Algérie suivent à peu
près exactement le 37e parallèle nord sur la
moitié de leur longueur totale qui est d'envi-

ron 1,100 kilomètres, mais elles s'infléchissent ensuite vers le sud par une courbe assez régulière et, arrivées à la frontière du Maroc, elles atteignent le 35e degré. Ces côtes, bordées en général de falaises peu élevées, ne présentent point d'échancrures profondes; c'est à peine si le nom de golfe peut convenir à la grande baie de Bougie. Les ports naturels y sont donc rares; mais, depuis la conquête, la France a fait exécuter d'immenses travaux qui rendent les côtes facilement abordables par tous les temps et permettent ainsi à de nombreux navires de mettre l'Algérie en communications constantes avec les principaux points de l'Europe. Depuis quelques années même, quelques-uns des services maritimes allant de l'Angleterre aux Indes font escale à Alger.

Sur terre, les voies de communications commencent à être assez développées; des routes macadamisées relient entre eux les points occupés par la colonisation européenne ou par l'armée et un réseau de chemins de fer dont la construction se poursuit avec une très grande activité, achèvera bientôt de donner à l'Algérie des moyens économiques pour transporter ses nombreuses richesses naturelles. Dans les territoires habités par les in-

digènes, le cheval, le mulet et l'âne non atte-
lés transportent, par des sentiers à peine tra-
cés, toutes les denrées que les tribus vendent
ou achètent.

Aucune des rivières du Tell n'est navigable,
ni flottable ; la déclivité du sol est telle que les
eaux pluviales s'écoulent avec une grande rapidité vers la mer et ne s'infiltrent point dans
le sol pour assurer un débit régulier aux rivières ; celles-ci, trop étroites en hiver pour
charrier les eaux qu'elles reçoivent, débordent
et restent ensuite presqu'à sec quand la saison chaude est établie. Le déboisement des
croupes montagneuses pratiqué par les indigènes a contribué aussi, quoique pour une
part moindre, à ce fâcheux régime des eaux.

Les pluies sont généralement fort irrégu-
lières ; elles tombent d'octobre à mai en quantités très variables, suivant les années, et
elles sont toujours plus abondantes dans la
région de l'Est que dans celle de l'Ouest.
Elles suffisent à alimenter les sources nécessaires à la consommation des habitants
et de leurs bestiaux, excepté sur quelques
points où l'on est obligé d'avoir recours aux
eaux souterraines. Dans les plaines, ces
nappes souterraines sont quelquefois d'une
étendue considérable et généralement à une

faible profondeur. Le forage des puits arté-
siens a été pratiqué avec succès dans un certain nombre de localités du Tell. Quand on
s'éloigne de la mer à une distance moyenne
de 100 kilomètres on s'élève alors à une alti-
tude qui est rarement inférieure à 700 mètres;
là il se produit presque tous les hivers des
chutes de neige qui, parfois, sont assez abondantes pour couvrir le sol pendant plusieurs
jours, mais il n'y a que sur les sommets du
Djurdjura où la neige persiste jusque vers le
mois de mai.

Pendant la saison chaude, qui dure de mai
à octobre, la pluie est extrêmement rare. La
chaleur, très souvent tempérée par la brise de
mer, ne devient insupportable que lorsque
souffle le vent du midi appelé *siroco*. Ce vent,
qui remplit l'atmosphère d'un sable d'une
excessive ténuité, est également nuisible aux
hommes et aux plantes. Sous son influence,
les feuilles des plantes se dessèchent comme
si elles avaient été au voisinage d'un incendie,
et il est à peu près impossible à l'homme de
se livrer à un travail régulier quand ce vent
souffle avec force. Fort heureusement, le
siroco dure rarement plus de trois jours de
suite, et il n'est guère violent que deux ou
trois fois par an.

La surface du Tell correspond avec assez d'exactitude à celle du bassin méditerranéen de l'Algérie. Toutes les eaux qui tombent sur le versant nord de la chaîne montagneuse qui limite le Tell au sud vont se jeter à la mer; le Chélif seul recueille une partie des eaux qui viennent du versant sud, et se trouve ainsi appartenir à la fois à la région des Hauts-Plateaux et à celle du Tell.

Les Hauts-Plateaux commencent avec le versant méridional des montagnes qui bordent le Tell. Ce versant s'abaisse par une pente douce qui se relève seulement à l'extrémité des Hauts-Plateaux pour donner naissance au grand Atlas au delà duquel se trouve la zone saharienne. D'immenses steppes couverts pendant l'hiver et le printemps d'une courte végétation herbacée, tel est l'aspect général que présente la région moyenne de l'Algérie. La culture ne saurait se développer sur ce sol d'une nature rocheuse ou sablonneuse qui ne reçoit pas de pluies régulières suffisantes; aussi les habitants sont-ils obligés de mener une vie errante s'ils veulent trouver de quoi nourrir les troupeaux de moutons et de chameaux qui sont leur unique richesse. Les longues crevasses qu'on décore du nom de rivières transportent les eaux pluviales dans de larges cuvettes appelées *chotts* ou *sebkhas*. Arrivées là, les eaux sont rapidement évaporées sous l'influence du vent et du soleil, et dès les premiers jours d'avril, même dans les années pluvieuses, les chotts ne présentent plus à l'œil qu'une immense croûte d'argile recouverte d'une légère couche d'efflorescences salines.

Sur les Hauts-Plateaux, la température subit de grandes variations; en hiver, le thermomètre descend souvent jusqu'à 4 ou 5 degrés au-dessous de zéro, tandis qu'en été la chaleur y est insupportable. Aussi les indigènes sont-ils dans la nécessité de faire transhumer leurs troupeaux pendant la saison froide et de les conduire dans la région saharienne. Là, le ciel est plus clément, et les pâturages, si maigres qu'ils soient, permettent d'entretenir le bétail et de laisser aux herbages des Hauts-Plateaux le temps de se refaire et de prendre quelque force. Cependant l'aridité du sol, plus encore que le climat, empêchera sinon toujours, du moins bien longtemps les Européens de s'établir dans cette région déshéritée, car la vie nomade y peut seule assurer la subsistance des troupeaux, l'unique ressource des habitants de cette contrée. Les Européens qui vont y chercher l'alfa ne consti-

tueront jamais une population sédentaire.
Sur un sol aussi peu tourmenté, les communications sont faciles pour les indigènes qui
se servent du chameau comme animal de
charge et n'ont pas besoin, par suite, de
s'inquiéter outre mesure des stations où l'on
trouve de l'eau. Mais l'Européen ne peut se
servir des mêmes moyens de transport, et la
nécessité de tracer des chemins de fer à voie
étroite qui s'est déjà imposée au point de vue
commercial et stratégique dans la province
d'Oran s'impose dès à présent dans les deux
autres départements. La région des Hauts-
Plateaux est beaucoup plus large dans l'ouest
de l'Algérie que dans l'est où elle n'existe
même plus, lorsqu'on s'approche de la frontière tunisienne.

La zone saharienne est encore moins favo-
risée que celle des Hauts-Plateaux : le sable
qui alterne avec le roc devient de plus en
plus abondant à mesure qu'on s'enfonce dans
le sud. Les pluies rares sont insuffisantes à
maintenir, sauf pendant quelques mois, l'hu-
midité nécessaire à une végétation régulière.
Les pâturages, composés d'herbes qui vivent
à peine deux mois, sont heureusement entre-
mêlés de plantes vivaces spéciales à cette
contrée et qui suffisent à l'alimentation du

chameau, le seul animal domestique dont
l'existence soit assurée dans ces plaines
désertes. Les eaux pluviales absorbées par le
sable se réunissent au-dessous du sol pour
former de grands réservoirs souterrains et
s'écoulent parfois au fond des vallées en véritables rivières souterraines. Sur un certain
nombre de points, ces eaux sont utilisées par
l'industrie de l'homme qui les répand à la
surface du sol, à l'aide de puits et de norias
et crée ainsi des forêts de palmiers-dattiers, à
l'ombre desquels quelques arbres fruitiers et
quelques légumes réussissent à vivre. Cette
végétation, qui ne prospère qu'à la condition
d'être entretenue par des irrigations journa-
lières ne peut donc jamais être bien étendue.
Il est d'ailleurs probable que ces réserves d'eau
seraient vite épuisées si l'on multipliait le
nombre des oasis qui ont non seulement à
lutter contre la sécheresse du climat, mais
encore et surtout contre l'envahissement des
sables. Les hautes murailles qu'on élève autour de chaque jardin n'opposent pas toujours
une barrière suffisante aux flots de sable qu'a-
moncèlent les vents du sud et de nombreuses
oasis ont disparu ensevelies pour toujours
sous les sables du désert.

Productions du pays.

Le Tell fournit en abondance tous les aliments nécessaires à ses habitants. Le blé, l'orge, une sorte de millet appelé *bechna* et les fèves suffisent au delà des besoins et d'énormes quantités de blé et d'orge sont chaque année exportées en Europe. L'olivier fournit presque partout l'huile qui sert concurremment avec le beurre à assaisonner les aliments. La figue fraîche ou séchée, le raisin vert ou sec, le fruit du cactus dit figuier de Barbarie, l'orange entrent aussi pour une large part dans l'alimentation des indigènes. L'abricot, la pêche, l'amande, la pomme, la grenade, la poire et la prune sont moins abondants. Dans les montagnes, le gland doux remplace avec avantage la châtaigne d'Europe dans le repas du pauvre. Les indigènes ne mangent guère d'autre viande que celle du mouton et encore en très faible quantité; ils n'estiment pas la chair du gibier et quant au poisson ils le pêchent rarement dans les rivières où il est peu abondant, et jamais dans la mer, où il existe cependant en grande quantité. Au commencement du printemps,

les terres en friche ou en jachère se couvrent
chaque •année d'excellents herbages dans
lesquels les chevaux, les mulets, les ânes, les
bœufs, les moutons et les chèvres trouvent
leur nourriture. Le miel, qui a cessé maintenant d'être employé pour sucrer les boissons
et les mets, est récolté sur un grand nombre
de points par les indigènes qui se livrent
volontiers à l'apiculture. Enfin la volaille,
les œufs, les légumes d'Europe fournissent
un contingent important à la table du pauvre
comme à celle du riche. D'immenses taillis,
au milieu desquels s'élèvent parfois des forêts
de pins, de chênes verts, de chênes-lièges,
de chênes zéens, d'oliviers sauvage, de carou-
biers, de thuya et de cèdres permettent de se
procurer, à bas prix, le charbon et le bois de
chauffage. Le liège fait l'objet d'un important
commerce d'exportation ; mais les autres bois,
jusqu'ici, n'ont pas été exploités d'une façon
sérieuse et ils ne sont guère employés que
dans la construction des maisons indigènes.

Les mines de fer et de plomb sont nombreuses ; elles donnent d'excellent minerai
qui est expédié en Europe. Il existe aussi des
gisements de cuivre, de zinc et d'antimoine,
mais ils ne sont pas encore régulièrement exploités, à cause de la cherté de la main-

d'œuvre et de la difficulté des transports. Les marbres abondent et sont de belle qualité ; quant au gypse, à l'argile et aux matériaux à bâtir, ils se rencontrent sur toute la surface du Tell.

Les Hauts-Plateaux produisent en abondance l'alfa qui est utilisé en Angleterre pour la fabrication du papier. Ce produit naturel du sol est l'objet d'un grand commerce dans la province d'Oran ; il existe également dans la province d'Alger, mais il se trouve à une si grande distance du bord de la mer qu'on n'a pu jusqu'ici l'apporter au port d'embarquement à un prix assez réduit pour soutenir la concurrence avec la province d'Oran. Les nomades sont obligés de vendre la laine de leurs moutons ou de leurs chameaux pour se procurer l'orge et les dattes qui, avec le laitage, constituent les principaux éléments de leur nourriture. Il existe une mine de sel gemme à un endroit appelé le Rocher de sel, mais les indigènes n'en extraient guère que la quantité nécessaire à leur consommation.

Les palmiers et les troupeaux de chameaux composent à eux seuls la fortune des rares habitants de la zone saharienne.

CHAPITRE II

Données relatives à la population aborigène.

Les anciens ne nous ont transmis aucun
document précis sur les populations qui, à
l'origine, ont peuplé l'Algérie. Au dire de
Salluste, le nord de l'Afrique aurait été d'a-
bord habité par deux races aborigènes : le
Gétules et les *Lybiens*. Plus tard, les Gétules
auraient fait alliance avec les Mèdes et les
Perses venus à la suite d'Hercule et, de la
fusion de ces deux éléments, l'un, autochtone, l'autre, asiatique, seraient nés les *Numides*, dont les Berbères actuels seraient les
représentants. Cette légende, empruntée aux
annales des rois numides, rend assez bien
compte des faits que l'on constate aujour-
d'hui. Le type brun représenterait les descendants des Numides, tandis que le type
blond, qui est en minorité et qui se rencontre surtout au Maroc, formerait la pos-
térité de l'armée des Mèdes et des Perses
dont le nombre ne pouvait être aussi consi-

dérable que celui des Gétules. L'existence du type blond signalée dès la plus haute antiquité semble confirmer le récit de Salluste.

Il convient, toutefois, de remarquer qu'une migration chananéenne dont parlent les auteurs orientaux expliquerait également la présence des blonds aux yeux bleus. On sait, en effet, que parmi les juifs qui cependant ont toujours évité de s'allier aux peuples étrangers, on rencontre assez fréquemment des individus qui présentent un type blond nettement accusé, tout en conservant, en dehors de cette particularité, les autres indices caractéristiques de la race sémitique la plus pure. Il se pourrait donc que le type blond eût été introduit en Algérie et au Maroc par les population chassées de la Palestine qui auraient, en même temps, apporté la religion juive très répandue au Maroc à l'époque de la conquête musulmane. La légende rapportée par les historiens arabes ne détruit point d'une manière absolue celle de Salluste, elle donne seulement une importance bien moindre à l'influence qu'on croit avoir été exercée par la race aryenne sur la constitution actuelle de la population berbère, car les Berbères blonds semblent toujours avoir eu plus d'affinité avec les Sémites et les Chananéens qu'avec les Aryens.

Si l'on compare les *Berbères* de l'Algérie aux *Touaregs*, on reconnaît sans peine qu'il existe une parenté entre ces deux peuples : non seulement ils parlent la même langue, mais encore les caractères d'écriture dont les Touaregs se servent aujourd'hui sont exactement les mêmes que ceux qui figurent dans les rares inscriptions qu'on retrouve dans les montagnes de l'Algérie et qu'on désigne sous le nom d'inscriptions lybiques. Aussi, malgré la différence qui sépare ces deux peuples sous le rapport des coutumes et de la manière de vivre, il est impossible de ne point leur assigner une communauté d'origine ou tout au moins une parenté très étroite. Pour expliquer ce fait indiscutable on ne peut recourir qu'à deux hypothèses : ou les Touaregs et les Berbères appartiennent à une seule et même race autochtone qui, à un moment donné, se serait séparée en deux rameaux : l'un continuant à occuper le berceau de la race, l'autre se répandant au sud du premier sur un vaste territoire inhabité ou dont il aurait fait la conquête. Ou bien, et c'est cette seconde hypothèse qui paraît la mieux justifiée, la race berbère algérienne autochtone aurait subi l'invasion des Touaregs qui, ne trouvant point dans le nord de l'Algérie les conditions d'existence auxquelles ils étaient habitués, se seraient répandus dans la contrée voisine qui leur rappelait leur pays d'origine. Peut-être aussi ces envahisseurs, après avoir imposé leur langue aux populations qu'ils avaient soumises ont-ils été chassés violemment du territoire conquis. Les Touaregs, qui ont gardé le souvenir de leur séjour dans le Tell, citent comme étapes de leur migration : Fez, Maroc et Chinguith.

Quant à l'origine des ancêtres des Touaregs, elle est évidemment orientale. Les affinités que l'on constate entre les Touaregs, les Tebous et les Brabras reçoivent une explication toute naturelle, si l'on admet que les ancêtres des Touaregs sont venus des bords de la mer Rouge envahir le Maghreb où ils ont laissé une marque impérissable de leur domination. Il est, du reste, tout au moins vraisemblable que des populations d'un tempérament aussi essentiellement nomade que les Touaregs proviennent d'une contrée où ce genre d'existence est possible et même nécessaire : or, à moins d'admettre qu'ils soient autochtones dans le pays qu'ils habitent aujourd'hui, ils n'ont pu pratiquer la vie

nomade que dans la péninsule arabique ou
dans les déserts qui bordent le rivage oriental
de la mer Rouge.

D'autres invasions, venues soit par l'Espagne, soit par le littoral de la Méditerranée,
ont aussi, sans doute, coopéré à la formation
du peuple berbère algérien ; mais ce contingent ethnique n'avait pas, avant la conquête
arabe, fourni un élément assez important
pour modifier dans ses traits essentiels la
physionomie caractéristique de la population
primitive de l'Algérie.

Les monuments mégalithiques qui existent
sur un certain nombre de points de l'Algérie
sont généralement attribués à des migrations
d'origine aryenne ; mais cela n'infirme en rien
l'opinion relative au peu d'importance de
l'action qu'elles ont exercée. En effet, ces
monuments ne se rencontrent point dans les
montagnes où se trouve le type blond, ce qui
serait certainement arrivé si les blonds
avaient, à un moment donné, joué un rôle
prédominant en Algérie. Les stèles funéraires
portant des caractères lybiques et semblables
à la stèle dite d'*Abizar* (Fig. 1) appartiennent,
au contraire, au pays montagneux et si le
nombre qu'on en a signalé n'est pas plus considérable, cela tient à ce que les sculptures

qui recouvrent ces stèles ont un relief si peu
accusé qu'il faut une attention toute particulière pour arriver à les découvrir. Le des-

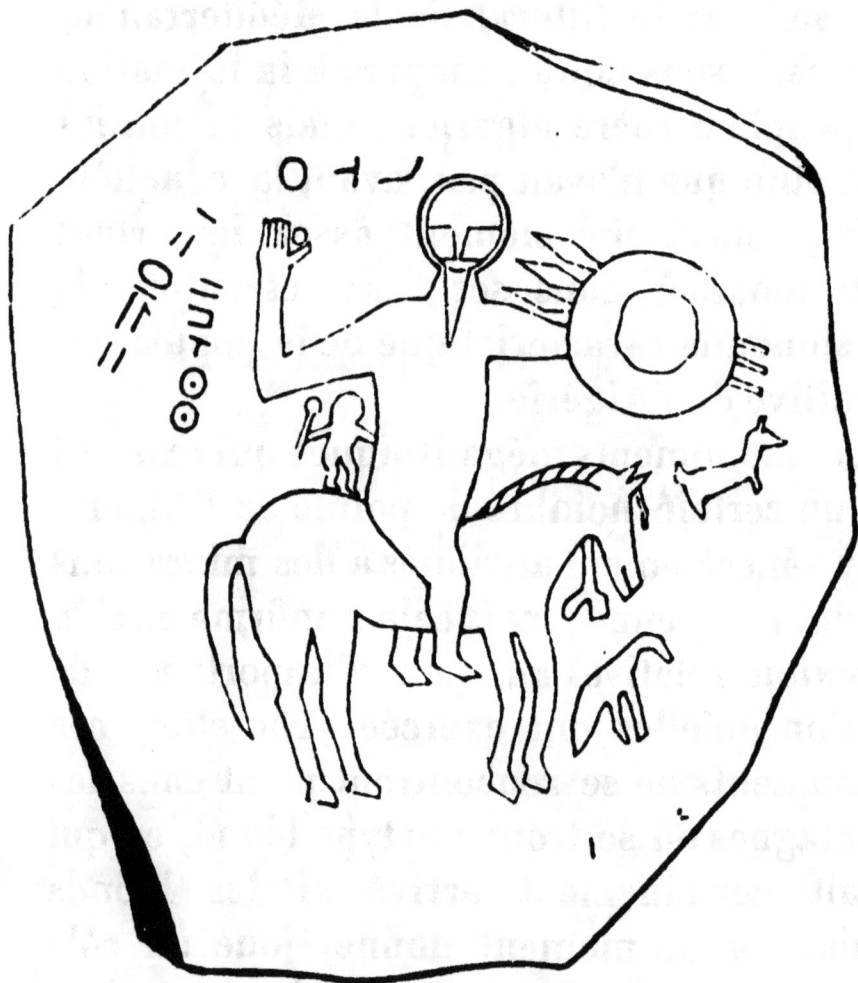

Fig. 1. — Stèle d'Abizar.

sin de ces stèles est si grossier qu'on a peine
à en expliquer certains détails; ainsi le triangle
qui se trouve à la partie inférieure du visage
des personnages dans les stèles d'Abizar et

de Souama et qu'on a considéré jusqu'ici comme représentant une barbe taillée en pointe pourrait être expliqué avec plus de vraisemblance comme la représentation du voile que portent encore aujourd'hui les Touaregs et confirmerait l'hypothèse de leur présence dans le nord de l'Algérie.

Les petits monuments funéraires appelés *choucha* et *bazina* qu'on a remarqués dans l'Aurès sont dus probablement à la race autochtone ; ils ont été imités plus tard par les rois numides dans le Madghasen, qui est une sorte de bazina colossale. Les *djedar* et le tombeau dit de la Chrétienne ont été encore, à une époque plus récente, les dernières imitations de ces tombeaux primitifs. Tous ces monuments établis sur un même plan sont des tertres artificiels recouverts d'une maçonnerie en forme de tronc de cône et à base elliptique ou circulaire. Les choucha ont la forme cylindrique qui paraît être la forme la plus ancienne.

Les traces de l'ancien culte des populations berbères ont complètement disparu. Les partages de viande entre tous les habitants d'un village, qui se font assez fréquemment dans les villages de la Kabylie, pourraient cependant avoir une origine religieuse et rappeler la distribution de chairs provenant des animaux sacrifiés sur les autels des dieux au lieu d'être, ainsi qu'on l'a dit, une institution d'un caractère hygiénique.

CHAPITRE III

Éléments ethniques.

Ainsi qu'on l'a vu plus haut, Salluste rapporte que, outre les Gétules et les Lybiens, des populations d'origine aryenne, Mèdes, Perses et Arméniens, seraient venus à la suite d'Hercule et se seraient établis sur les bords de l'océan Atlantique après la mort de leur chef. Certains auteurs pensent que cette migration aryenne, au lieu de suivre le littoral africain, aurait traversé l'Europe et, arrivée en Espagne, aurait franchi le détroit de Gibraltar. Le seul argument invoqué pour justifier ce second itinéraire est que l'existence des monuments mégalithiques que l'on rencontre dans le midi de l'Espagne et dans le nord de l'Afrique doit être attribuée à un peuple unique. Cet argument est loin d'être décisif et l'on a peine à s'imaginer des hordes nombreuses venues de contrées non maritimes et franchissant, à une époque très reculée, un bras de mer aussi large que l'est le détroit de Gibraltar. Sans doute cela n'est pas absolu-

ment impossible, mais comme d'ailleurs on
ne connaît aucune légende qui ait conservé le
souvenir de cette invasion par le nord, il n'y
a pas lieu de rejeter l'hypothèse, tout aussi
vraisemblable, de la conquête successive du
Maghreb actuel par une armée venue de l'O-
rient et suivant le littoral africain, ainsi que
le rapporte Salluste. Quelle que soit la route
suivie par ces aryens, ils n'ont point laissé de
marques sensibles de leur passage en Algérie.

L'invasion des Ibères n'est pas bien certaine
et, quant à celle des Hellènes, elle n'atteignit
certainement pas l'Algérie. Les premiers
peuples qui, aux temps historiques, sont venus
s'établir en Algérie sont les Phéniciens.
Adonnés à la marine et au commerce, les
Phéniciens ne se sont jamais éloignés du littoral et leurs relations avec les populations
indigènes se bornaient aux rapports de commerçants avec leurs clients. Ils n'ont point
exercé non plus une action sensible sur l'ethnographie de l'Algérie.

Il en a été tout autrement de la conquête
musulmane. Les Arabes ont imposé dès les
premiers jours leur religion et leur langue
au plus grand nombre des habitants. Dans
les plaines, leur influence fut telle qu'il devint
bientôt impossible de distinguer les vain-

2.

queurs des vaincus. Les montagnards résis-
tèrent avec plus d'énergie à l'envahissement
des mœurs et des coutumes étrangères ;
malgré leur conversion à l'islamisme, ils
gardèrent certains de leurs usages, même
quand ils n'étaient pas conformes aux prescriptions du Coran ; mais, en dépit de leur
résistance, la foi religieuse pénétra peu à peu
dans leurs âmes et l'Islam peut encore aujourd'hui les compter parmi ses défenseurs
les plus zélés.

A la suite de la conquête de l'Espagne et
des luttes de toute sorte qu'ils eurent à soutenir, les Arabes ne tardèrent pas à disparaître de l'Algérie, et il fallut l'invasion des
Arabes hilaliens au xiᵉ siècle de notre ère
pour y ramener de véritables compatriotes
des premiers conquérants musulmans. Ces
tribus, après avoir ravagé le pays, allèrent
pour la plupart s'établir dans le sud-ouest de
l'Algérie, près des frontières du Maroc, où
elles sont actuellement installées ; quelques-
unes seulement pénétrèrent jusque dans l'intérieur du Maroc et contribuèrent par leurs
armes à l'établissement de la dynastie chéri-
fienne qui y règne actuellement.

La conquête française est trop récente pour
qu'on puisse déjà estimer avec quelque pro-

babilité l'action qu'elle exercera sur les indigènes de l'Algérie. Jusqu'ici la France n'a
pu donner beaucoup de soins à la transfor-
mation des populations qu'elle a trouvées sur
le sol algérien ; elle a eu trop à faire pour
assurer la pacification définitive du pays d'a-
bord par les armes, puis par l'implantation
d'un élément européen assez nombreux pour
maintenir en respect les vaincus. La conquête
est à peine achevée et il n'est pas sûr que, dans
certaines tribus, les indigènes aient renoncé
sans retour à l'espoir de reconquérir leur indépendance. Mais, à côté des diverses races
établies en Algérie, il s'est formé, par le mé-
lange des Français avec les autres Européens
attirés dans le pays, surtout avec les Espagnols et les Italiens, un nouvel élément ethnique dont les représentants sont déjà appelés
du nom d'*Algériens*. Bien que peu nombreuse
encore, cette race a déjà des tendances assez
franchement accusées pour qu'on puisse en
esquisser le tableau.

En résumé, l'ethnographe trouve en Algérie les éléments suivants : 1° les Berbères pro-
prement dits ; 2° les Berbères arabisés ; 3° les
Arabes ; 4° les Algériens ; 5° les Juifs. Quant
aux Nègres et aux Couloughlis, métis issus de
Turcs et de femmes indigènes, ils sont très

peu nombreux et ne méritent pas une mention
spéciale.

La statistique du nombre des représentants de chacune des races indiquées ci-dessus
ne saurait être établie d'une façon rigoureuse ;
cependant on peut, en chiffres ronds, estimer
à 900,000 le nombre des Berbères purs ; à
1,400,000 celui des Berbères arabisés ; à
500,000 celui des Arabes ; à 500,000 celui
des Européens, y compris les Algériens et à
35,000 celui des Juifs.

Autrefois, toutes les grandes familles indigènes possédaient des esclaves noirs, et le
nombre des mulâtres en Algérie est assez considérable, mais ils sont, en général, disséminés
dans la masse de la population et ne forment
pas de groupes compacts ayant des caractères déterminés. C'est chez les habitants
des oasis du sud qu'on rencontre la plus
grande proportion de sang noir, et il semble
que, sur certains points, la race blanche n'ait
pu échapper à la destruction que par son croi-
sement avec des nègres venus du Soudan ;
mais ces nègres n'ont eu aucune influence sur
les mœurs et coutumes des Sahariens et ce
n'est que par leur conformation physique
que les mulâtres se distinguent des blancs au
milieu desquels ils vivent.

Les Kouloughlis n'ont jamais été répandus que dans les villes où il y avait une forte garnison turque; ils occupaient autrefois des fonctions subalternes dans l'administration et les rares représentants qui subsistent de cette race recherchent encore les emplois d'huissiers ou de garçons de bureau dans les administrations françaises. C'est à Tlemcen qu'on en retrouve le plus grand nombre.

CHAPITRE IV

Caractères physiques.

Le type brun de la population primitive de l'Algérie se rapproche beaucoup du type arabe. D'une taille moyenne assez élancée, mais avec une musculature plus puissante et des attaches moins fines que celles de l'Arabe, le Berbère brun a la face d'un ovale peu régulier et qui tend en quelque sorte à devenir un rectangle dont les angles seraient arrondis; le nez bien proportionné est droit, les lèvres sont moyennes et les joues peu saillantes, la barbe clair-semée atteint rarement une grande longueur. Ces caractères sont beaucoup moins accentués chez les Berbères arabisés, qui se confondent aisément avec les Arabes, grâce à leur nez légèrement busqué, à la saillie des pommettes des joues et à la finesse des attaches. (FIG. 2.)

Le type blond a une structure plus vigoureuse que le type brun. Sa taille est généralement élevée et les membres sont fortement développés; le front plat et bas se dresse verticalement au-dessus d'un nez court et un peu fort. La saillie des joues s'écarte du milieu de la face et donne au visage un aspect aplati.

FIG. 2. — Berbère algérien.

La forme du masque est presque celle d'un carré aux angles arrondis. Ce type est assez rare en Algérie; il est plus fréquent parmi les Marocains du Rif et de l'Atlas.

Chez les Berbères, les os du crâne ont une dureté excessive et une épaisseur remarquable ; les enfants indigènes, dans leurs jeux, s'exercent volontiers à frapper de leur tête les objets les plus résistants et augmentent ainsi cette particularité de leur constitution physique. La femme berbère est souvent jolie ; elle a les extrémités assez fines et l'ensemble du corps est svelte et gracieux. Le hâle donne à la peau une teinte bistre qui disparaît presque complètement après un séjour de quelque durée dans les villes. Chez les femmes des Berbères arabisés, les formes sont toujours plus massives et les traits plus grossiers. L'embonpoint, qu'elles s'efforcent d'acquérir parce qu'il est regardé comme un signe de beauté, les déforme promptement. D'ailleurs toutes les femmes indigènes, nubiles dès l'âge de dix ans, atteignent leur complet épanouissement vers l'âge de vingt ans et il est rare qu'elles ne soient pas tout à fait décrépites quand elles ont dépassé la trentaine. Les rudes fatigues auxquelles elles sont assujetties ne hâtent pas d'une manière bien sensible cette évolution rapide des phases normales de la vie qui paraît être plutôt une des conséquences de leur constitution physique.

L'Arabe a le corps plus grêle que le Berbère; les extrémités toujours élégantes sont finement attachées. L'ovale du visage est ré-

FIG. 3. — Arabe algérien.

gulier, le front bombé et le nez busqué. Les pommettes des joues avoisinant de très près la cloison nasale accentuent l'inclinaison du méplat des joues et font paraître exagérée la

saillie de la partie médiane du visage. La
bouche de moyenne grandeur est entourée
de lèvres minces et les dents, toujours régulières et bien plantées, sont en général d'une
blancheur éclatante. Les yeux bruns ou noirs
sont remarquablement beaux aussi bien chez
les hommes que chez les femmes. (Fig. 3.)

Les indigènes de l'Algérie portent toute la
barbe qu'ils taillent quelquefois, mais qu'ils
rasent rarement sauf quelquefois sous le men-
ton dans la partie inférieure des mâchoires
qui forme le collier. La tête est complètement rasée à l'exception d'une touffe de cheveux qu'on laisse sur le sommet. Les membres de certaines confréries religieuses, les
Aïssaouas, par exemple, et les Berbères laissent souvent croître librement cette touffe de
cheveux de façon à pouvoir en former des
tresses. (Fig. 4.) Hommes et femmes s'épilent
avec soin toutes les parties du corps qui sont
plus spécialement velues. La circoncision est
pratiquée sur tous les enfants mâles vers l'âge
de sept ans, et c'est à partir de cet âge que
l'enfant commence à avoir la responsabilité
d'un certain nombre de ses actes. Cette opé-
ration, que les Arabes appellent, dans le langage religieux, *purification* (tahara), est toujours l'occasion d'une fête de famille. Il est

rare qu'un jeune indigène ne soit pas pubère à l'âge de onze à douze ans.

Il est impossible de tracer même approxi-

FIG. 4. — Berbère Rifain.

mativement les caractères physiques de la nouvelle race algérienne dont l'existence commence à peine. Les divers éléments qui concourent à sa formation n'ont pu encore se fondre et revêtir une physionomie particulière; elle ne se distingue jusqu'à présent que par des tendances dans le domaine moral et intellectuel.

Sous le rapport de la physionomie, les Juifs de l'Algérie ne se distinguent point de ceux des autres pays. Mais si l'ensemble de leurs traits peut être ramené à un type commun, il n'en est pas de même de la structure générale de leur corps qui varie avec une incroyable diversité; ils semblent subir avec une promptitude et une facilité extraordinaires aussi bien l'influence du milieu dans lequel ils vivent que celle de la profession qu'ils exercent et le corps chétif du bijoutier, par exemple, ne semble pas provenir de la même race que la carrure athlétique du portefaix israélite.

Les Berbères montagnards sont sédentaires; ils habitent des maisons groupées en villages placés en général sur des pitons d'un accès difficile, afin d'être plus aisément défendus contre l'ennemi. Les animaux domestiques sont logés dans le même corps de bâtiment que les hommes et séparés de ceux-ci par une murette de cinquante à soixante centimètres de hauteur. Aucun Européen ne consentirait à vivre dans de pareilles conditions hygié-

Fig. 5. — Moissonneur kabyle (Type blond).

niques et sa santé, du reste, ne résisterait pas longtemps aux émanations fétides qui s'exhalent de ces bouges où l'air et la lumière n'entrent que par une porte basse. Il est vrai que les Berbères ne restent jamais chez eux pendant le jour et que, durant la belle saison, ils dorment en plein air; sans ces précautions, ils seraient plus souvent visités par des épidémies meurtrières.

Le costume des Berbères est des plus simples; il se compose d'une longue chemise par-dessus laquelle il endosse, suivant sa fortune, un ou plusieurs burnous; les jambes et les bras sont nus et la tête est recouverte d'une ou deux calottes superposées, mais pendant l'hiver seulement, car pendant l'été le Berbère a le plus souvent la tête nue, ou recouverte du capuchon de son burnous. Les ouvriers agricoles revêtent assez souvent un large tablier de cuir, et portent, quand ils vont faire les moissons dans les plaines, un large chapeau fabriqué avec les feuilles desséchées du palmier nain. (Fig. 5.) Lors de la mauvaise saison, quand il a de longues courses à faire dans les montagnes, le Berbère entoure ses pieds et ses jambes de lanières de cuir ou de vieux chiffons. En voyage il emporte presque toujours un bâton d'olivier terminé par une tête assez forte ; il porte cette espèce de casse-tête en arrière du cou et l'appuie sur ses épaules à l'aide de ses deux mains fixées chacune à une extrémité du bâton ; il repose ses bras durant la marche à l'aide de ce bâton qui lui sert en même temps d'arme pour la défense.

Le costume d'une femme berbère est encore moins compliqué que celui de son mari. Il consiste en une chemise de laine serrée à la taille au moyen d'une ceinture des plus primitives. Un foulard enroulé autour de la tête complète ce modeste accoutrement. Si l'on ajoute à cela des pendants d'oreille immenses, un collier, des anneaux aux bras et aux pieds, on a une liste complète d'un trousseau féminin. Tous ces bijoux sont généralement composés d'un alliage d'argent dans lequel le cuivre entre pour une forte part ; quelques pierres grossières rouges ou vertes serties dans le métal, produisent parfois un effet pittoresque. Hommes et femmes portent leurs vêtements jusqu'à ce qu'ils tombent en lambeaux ; on les rapièce quelquefois, jamais on ne les lave ; la saleté du peuple berbère mérite certainement d'être proverbiale. Le corps cependant est tenu avec plus de propreté que les vêtements, mais cela est dû à ce que la prière n'est valable, selon la loi religieuse, qu'autant qu'elle a été précédée de certaines ablutions.

La nourriture est peu variée. Sauf les jours de fêtes on ne mange guère qu'un seul plat formé de grumeaux de farine que l'on fait cuire à la vapeur d'un bouillon de viande. Ce mets, fortement assaisonné de beurre ou d'huile, est le mets national algérien. Ce *couscous*, ainsi qu'on l'appelle, est fait chez les riches avec de la semoule de froment, mais chez les pauvres on emploie aussi la farine d'orge, celle du bechna ou encore celle du gland doux. Il est rare qu'une famille mange du *couscous* plus de trois ou quatre fois par semaine et le plus souvent des fruits frais ou secs (raisins ou figues) quelques légumes (artichauts sauvages, fèves, pois chiches, etc.) font les frais du repas du Berbère quand encore il ne se contente pas de saucer du pain dans un peu d'huile rance. Ce pain fait sans levain est composé d'une farine grossière mélangée de son ; on le cuit dans un plat. La boisson ordinaire est l'eau ; mais on use aussi de lait pur, de lait caillé ou aigri et parfois de café ou de thé.

Les Berbères arabisés habitent tantôt sous des gourbis, sorte de huttes formées de bran-

chages et recouvertes de chaume ; tantôt
sous des tentes dont l'étoffe très épaisse est
un tissu de poils de chameau. Chaque gourbi
ou tente abrite une famille entière ; plusieurs
gourbis groupés ensemble constituent une
dechera ou hameau ; si le hameau est composé de tentes il prend le nom de *douar*. Les
Berbères arabisés n'ayant pas, pour la plupart, à supporter une température aussi rigoureuse que celle des montagnards, n'ont pas
besoin d'abris pour leurs bestiaux ; ils les
laissent toute l'année en plein air dans des
enclos fermés par une simple ceinture de
branchages épineux de jujubier sauvage.
Grâce à cette circonstance, ils vivent dans des
conditions hygiéniques moins défavorables
que les montagnards. Quand les immondices
de toute sorte qui les entourent deviennent
par trop insupportables, ils ont la ressource
de transporter leurs tentes sur un autre point
ou, s'ils habitent des gourbis, d'y mettre le
feu et d'aller en construire de nouveaux sur
un autre emplacement dans le voisinage. Naturellement ces déplacements, si peu oné-
reux ou pénibles qu'ils soient, ne se font
qu'à la dernière extrémité.

Le costume des Berbères arabisés consiste,
ainsi que celui des montagnards, en une longue

chemise et en burnous plus ou moins nombreux, et il ne s'en distingue guère que par
sa propreté qui, toutefois, est relative. Les
gens aisés portent, en outre, des pantalons
bouffants et s'enveloppent le corps d'une
longue pièce d'étoffe très légère appelée *haïk*.
Le haïk, après avoir recouvert tout le tronc,
vient aboutir sur la tête où il est maintenu
par une corde en poils de chameau. Les cava-
liers ont quelquefois des bottes molles en cuir
rouge sans semelles résistantes qu'ils chaus-
sent dans les grandes circonstances. Le costume des femmes est le même que celui des
femmes berbères et des femmes arabes de la
campagne. (FIG. 6.)

Le *couscous* de blé ou d'orge, les figues de
barbarie en été et la chair du mouton rôtie
ou bouillie sont, avec le pain, les aliments
ordinaires des Berbères arabisés. L'abricot, la
grenade, l'orange, la pomme, la jujube, la
poire, la prune et la pêche avec quelques légumes ne sont guère consommés que dans le
voisinage des villes ou des bourgs. Les habitants n'étant pas absolument sédentaires,
n'ont pas toujours à leur portée des vergers
dont ils puissent manger les fruits. Sans avoir
une nourriture variée et abondante, les Berbères arabisés sont cependant, sous ce rap-

FIG. 6. — Femme arabe (Province d'Oran.)

port, mieux partagés que les montagnards.

Les Arabes vivent tous sous la tente et sont nomades ; ils ne diffèrent ni par leur costume, ni par leur alimentation des Arabes berbérisés avec lesquels on les confond très aisément. Ils consomment une quantité considérable de laitage et sont très friands des dattes qu'ils achètent dans les oasis du sud de l'Algérie et parfois même hors de l'Algérie ; leur sobriété est plus grande encore que celle des autres indigènes.

Les villes sont habitées par des représentants des diverses races algériennes qui pour la plupart y sont fixés d'une manière permanente. Ces citadins ont adopté un costume plus compliqué que celui de leurs coreligionnaires des campagnes : il se compose d'un pantalon très bouffant retenu par une large ceinture rouge en laine ou en soie, d'un gilet entièrement fermé et d'une veste en drap ou en soie. Les pieds sont chaussés de souliers découverts sans talons et la tête est recouverte de deux calottes, l'une en coton, l'autre en laine rouge qui se place par-dessus la première. Un léger burnous est jeté sur les épaules. Dans certaines localités les souliers sont remplacés par des *belgha*, sortes de pantoufles dont le quartier est brisé et rentré dans la chaussure ; un veston de laine orné d'un capuchon prend aussi la place de la veste dans les villes de l'intérieur où le climat est un peu rude en hiver.

La cuisine des citadins (*hadar*) est plus variée que celle des gens de la campagne ; les aliments y sont préparés de diverses façons aussi compliquées que celles dont on accommode les mets qui figurent sur la table des Européens. La consommation de la viande, des légumes verts et du poisson est générale dans les villes, mais, en revanche, le lait y est peu employé.

Les femmes qui résident dans les villes ont le teint aussi blanc que celui des européennes brunes ; elle perdent vite la couleur bistre qu'elles avaient quand elles vivaient au milieu des champs et le changement de couleur est si marqué au bout de quelque temps de séjour dans les villes qu'on serait tenté de les considérer comme appartenant à une race à part. Leur existence est beaucoup plus confortable que celle des femmes de la campagne, et si elles sont privées du droit d'aller et de venir le visage découvert, elles trouvent des compensations à cet assujettissement dans la satisfaction qu'elles éprouvent à s'habiller plus coquettement. Leur costume ne diffère guère

de celui des hommes que par son élégance :
leur pantalon bouffant est retenu par une
ceinture plus gracieuse, leur veste est d'une
étoffe plus riche, la chemisette de gaze remplace la grossière chemise des hommes et l'é-
triquement du gilet qui forme corset laisse la
gorge libre. La coiffure seule est entièrement
différente : les cheveux sont réunis sur le
sommet de la tête et enveloppés d'un foulard
de soie à franges. Les jeunes filles nattent
leurs cheveux en une longue tresse et portent
une sorte de calotte en velours ornée de se-
quins ; cette calotte a la forme d'un cône
très évasé. Pour sortir les femmes portent
un petit voile qui recouvre toute la partie de
la figure qui est au-dessous des yeux, tandis
qu'une grande pièce d'étoffe légère cache le
front et dissimule vaguement la forme générale du corps.

L'ameublement des maisons les plus élégantes ne diffère pas beaucoup de celui du
gourbi ou de la tente : des tapis, des nattes et
de petits matelas servent de sièges pendant
le jour et de lits pendant la nuit. Dans les
villes, un cube en maçonnerie qui occupe un
des angles de la chambre à coucher fait l'office de bois de lit. Les bijoux et les vêtements de gala sont entassés dans des coffres

en bois peint qui, après avoir fait partie du trousseau de la mariée, servent d'armoires et de commodes. Un ou deux chaudrons, quelques cruches, des plats en terre ou en bois forment à la fois la batterie de cuisine et le service de table. Nulle part on ne voit ni sièges mobiles, ni tables. Chez les pauvres, le repas est servi sur le sol ou sur une méchante natte : dans les familles aisées, il est présenté sur un plateau en cuivre qui repose sur une petite table très basse. Tout le monde mange dans le même plat, les aliments solides avec les doigts, les aliments liquides avec des cuillères en bois. Les hommes sont servis les premiers et les femmes achèvent à part les reliefs du repas. La politesse exige que l'amphitryon, quel que soit son rang, serve lui-même son convive ; il goûte d'abord les mets avant de les lui présenter ; il indique à son hôte les meilleurs morceaux et quand celui-ci hésite à les prendre, il les lui porte lui-même à la bouche.

Quand le douar reçoit un hôte de distinction, le repas est fourni par toute la communauté. Les habitants du douar assistent alors au festin et forment autour de l'hôte une série de cercles concentriques dont les plus rapprochés du repas sont occupés par les principaux personnages. Chaque plat, toujours très abondant, après avoir été dégusté par l'hôte, est servi successivement à chacun des cercles qui le passe au cercle suivant et les os, soigneusement rongés, arrivent enfin aux chiens du douar qui guettent en silence l'arrivée de cette maigre curée. Un cérémonial analogue a lieu dans les fêtes qui sont données à l'occasion des mariages, des circoncisions ou encore des pèlerinages locaux.

Les précautions hygiéniques sont à peu près inconnues des indigènes algériens. Ils ne soignent guère que leurs yeux et leur bouche. Le sulfure d'antimoine réduit en poudre impalpable est regardé comme un collyre qui protège les yeux en même temps qu'il les embellit ; on en garnit les paupières et il est vraisemblable que cet enduit les protège contre les granulations si fréquentes en Algérie. Pour la bouche on se sert de l'écorce de la racine de certains arbres et en particulier de celle du noyer. Cette écorce, frottée contre les dents, leur donne un grand éclat qui est encore rehaussé par le contraste de la couleur brune que prennent les lèvres. Les ablutions des diverses extrémités du corps, ablutions que la loi religieuse ordonne de pratiquer cinq fois par jour avant chacune des prières obligatoires, seraient aussi du ressort de l'hygiène si elles étaient toujours faites avec de l'eau ; malheureusement celle-ci pouvant être remplacée par le sable ou la poussière, les ablutions, dans le Sud surtout, ne sont pas toujours un moyen de propreté. Le bain complet n'est pratiqué que dans les villes, mais, il faut l'avouer, avec plus de soin et de fréquence que chez la plupart des Européens.

Une vive croyance à la vertu des amulettes remplace aux yeux des indigènes toutes les mesures prophylactiques. Ces amulettes se composent en général d'un chiffon de papier sur lequel on a tracé des signes cabalistiques et quelques mots empruntés au Coran. Le papier plié avec soin est ensuite enfermé dans un petit sachet de cuir que l'on porte au cou. Chaque maladie à conjurer fait l'objet d'une amulette particulière.

La saignée et quelques tisanes forment les bases principales de la médication arabe. Pourtant les indigènes utilisent, non sans succès, les eaux minérales sulfureuses pour le traitement des maladies cutanées qui sont très fréquentes. Ils ignorent les notions les plus élémentaires de la chirurgie et les matrones qui assistent aux accouchements laissent agir la nature.

Il va sans dire que, sous le rapport de l'hygiène, les Algériens sont dans les mêmes conditions que les habitants de l'Europe civilisée. Les Juifs vivent en général à l'européenne, sauf un petit nombre d'entre eux qui ont conservé les habitudes des indigènes des villes.

CHAPITRE V
Caractères intellectuels.

Le développement de l'intelligence est d'une extrême précocité chez les enfants de toutes les races algériennes. La fâcheuse éducation donnée chez les indigènes contribue à hâter cette éclosion des facultés intellectuelles. Dès l'âge de sept ans, l'enfant mâle assiste à tous les actes de la vie sociale de ses parents, et, arrivé à l'âge de douze ans, il n'a plus rien à apprendre de ce qui fait le fond général des connaissances du monde musulman. Dès lors, il a des idées nettes et précises sur toute chose, et ses discours ont une lucidité telle qu'à première vue, on serait tenté de lui supposer une intelligence supérieure à celle de la moyenne des enfants européens. Mais cette supériorité n'est qu'apparente, car bientôt après il se produit un temps d'arrêt qui coïncide presque toujours avec l'âge auquel l'enfant parvient à une complète puberté. L'abus des plaisirs vénériens a, sans doute, une forte part à cet amoindrissement de la puissance des facultés intellectuelles, mais il n'est pas l'unique raison qui contribue à en arrêter le développement. Le climat ardent donne à la vie une intensité si grande que l'épuisement ne tarde pas à succéder à la surexcitation du premier âge. La condition inférieure de la femme indigène, qui apporte son contingent dans les qualités ou les défauts transmis par l'hérédité, joue également un rôle important dans cette dégénérescence que subissent d'une façon très lente, il est vrai, les races indigènes de l'Algérie. En effet, qu'elle soit berbère ou arabe, la femme indigène ne reçoit jamais aucune culture intellectuelle ; élevée au milieu de ses compagnes, pour lesquelles les limites du monde connu s'arrêtent à celles du *douar* ou de la *dechera*, n'ayant même pas, comme les hommes, de relations avec les douars voisins, son intelligence s'atrophie rapidement à force de se concentrer sur un cercle restreint d'idées vulgaires. Les soins du ménage et les devoirs de la maternité absorbent presque tous ses instants, et dans les heures de calme ou de repos elle en est réduite à des conversations banales avec ses voisines, car les hommes qui sont ses parents ne daignent jamais condescendre à avoir un entretien avec elle et, quant aux

étrangers, on sait que tout rapport avec eux
lui est interdit.

La vie isolée que mènent les indigènes
contribue aussi à l'abaissement du niveau
intellectuel. Pour eux, la société humaine ne
s'étend guère au delà de la famille, et leur
sociabilité se trouve ainsi singulièrement
amoindrie. Ils concentrent toute leur attention
sur ce petit monde qui les entoure et la vue
des turpitudes qui s'étalent sans vergogne
autour d'eux est bien faite pour leur inspirer
un égoïsme brutal et leur donner une chétive
conception d'un idéal de l'humanité. Jamais
leur esprit ne s'élève à une idée générale et,
la religion aidant, ils attendent qu'Allah
s'occupe de leur petite personne et prenne
souci de leurs plus infimes intérêts. Leur idéal
est de s'isoler de plus en plus pour être seuls
à profiter du produit de leurs misérables travaux et, sans la foi commune qui les unit dans
certaines circonstances ou sans le besoin de
se réunir pour résister à l'ennemi, ils en
arriveraient à détruire jusqu'au faible grou-
pement du *douar* ou de la *dechera*, et chaque
famille irait vivre à part le plus loin possible
de ses voisins.

On conçoit sans peine que dans de telles
dispositions d'esprit le besoin d'une culture

intellectuelle ne se fasse pas trop vivement
sentir chez les populations indigènes. Cependant comme la religion musulmane et les lois
civiles qui en dérivent exigent la connaissance du Coran, on trouve dans chaque
village une ou deux personnes qui savent lire
et écrire la langue du livre sacré; mais, en
général, il n'y a que ceux qui sont incapables
de gagner leur vie d'une autre façon qui se
résolvent à cette dure nécessité de graver
dans leur esprit quelques lambeaux de connaissances intellectuelles. Ces *thalebs* ou lettrés remplissent les fonctions multiples d'écrivain public, de fabricant d'amulettes, d'instituteur et d'officiant dans les cérémonies
religieuses. En pays berbère surtout, les
hommes qui savent lire et écrir forment une
sorte de caste à part; on les désigne sous le
nom de *marabouts* parce qu'ils sont d'ordinaire les descendants de ceux qui autrefois ont pris les armes pour la défense de la
foi. Aujourd'hui ces guerriers dégénérés se
font exempter du service militaire; ils jouissent en outre du privilège plus enviable pour
eux d'être exonérés des impôts et des corvées.
Ils représentent le clergé musulman, bien que
la religion de Mahomet n'admette point l'utilité de cette institution, puisque chacun peut

accomplir tous ses devoirs religieux sans être assisté du concours d'un autre de ses coréligionnaires. Tous les marabouts cependant ne savent pas lire, mais il est rare que, dans une famille de ces personnages, il n'y ait pas un membre possédant quelques notions d'une instruction toujours des plus élémentaires. Dans les plaines et en pays arabe, l'instruction est plus en honneur que chez les Berbères des montagnes ; cela tient à des qualités intellectuelles plus développées et à la nature de leur législation. Au lieu de s'en tenir aux coutumes locales codifiées sous une forme concise et que tout le monde peut savoir par cœur, les Arabes et les Berbères arabisés ont un code général dont les trop nombreux articles ne sauraient être retenus sans une étude spéciale qui ne peut se faire que sur des livres.

La religion musulmane est loin d'être restée pure en Algérie surtout en pays berbère. Là, les préceptes du Coran ne sont point suivis à la lettre, principalement en ce qui touche au droit civil ou criminel. Les prescriptions d'ordre purement religieux sont assez mal observées : c'est à peine si l'on fait les ablutions qui doivent précéder la prière ; le pèlerinage à la Mecque est peu fréquent, et l'on ne craint pas parfois de supprimer quelques jours du pénible jeûne du Ramadan.

Une infraction plus grave à l'esprit de la religion musulmane, infraction qui s'étend à toute l'Algérie, c'est le culte des saints qui paraît dériver d'un très vif penchant à la superstition. Il n'est point de tribu qui n'ait son saint préféré, sorte de patron local, sur le tombeau duquel les habitants se rendent sans cesse pour prier. Souvent même, ce tombeau est visité solennellement une fois l'an, par une troupe nombreuse de fidèles, qui apportent leurs hommages et leurs offrandes au descendant du saint personnage établi dans le voisinage du monument élevé à la mémoire de son ancêtre. Ces pèlerinages appelés *ouada* ou *ziara* se font en grande pompe et sont l'occasion de grandes réjouissances et de festins pantagruéliques. Sans doute, on demande à ces saints d'intercéder auprès d'Allah, mais ce n'est point pour assurer son salut éternel : la guérison de l'impuissance ou de la stérilité, des prières — véritables Rogations — pour conjurer une sécheresse persistante, sont les motifs les plus ordinaires de ces dévotions locales.

La dépouille mortelle de chaque saint est abritée par une sorte de petite chapelle appelée *koubba*; de forme carrée, et surmontée d'un dôme, la koubba est toujours de petite dimension, car chaque face a rarement plus de quatre mètres de largeur. Quand le saint jouit d'une certaine réputation, on lui construit au milieu de la koubba un catafalque dont la forme est celle d'un large lit couvert d'étoffes de soie et de brocart. Des ex-voto nombreux sont appendus aux murailles, et d'immenses étendards aux couleurs brillantes sont disposés en faisceaux au-dessus de la place où repose la tête du défunt. Parfois la koubba recouvre simplement l'endroit sur lequel un saint personnage a passé la nuit. Souvent aussi, on trouve des arbres rabougris dont les plus petites branches sont cachées par des rubans de chiffons noués par des âmes pieuses qui honorent ainsi l'arbre qui a prêté son ombre protectrice à quelque saint vénéré ou qui a été planté au voisinage de sa tombe. Ce sont surtout les femmes qui viennent apporter leurs vœux en ces endroits sacrés; elles y allument des cierges minuscules, ou encore de petites lampes en poterie qu'elles laissent dans ces lieux de vénération en telle quantité, qu'on croirait être en présence d'une fabrique de poteries abandonnée.

La superstition est très vive chez tous les indigènes de l'Algérie. Hommes, femmes, enfants redoutent le mauvais œil et essaient de s'en préserver en portant au cou de véritables colliers d'amulettes, qu'ils font tracer par un thaleb quelconque. Quand un animal a quelque valeur, son maître, s'il est soigneux, ne manque jamais de lui attacher une ou plusieurs amulettes. Cette crainte du mauvais œil est si grande, qu'il suffit de désigner un indigène du doigt pour lui inspirer une véritable terreur. Dans les premiers temps de la conquête, les conducteurs de diligences se faisaient ouvrir immédiatement un passage au milieu des indigènes qui encombraient les routes par le simple geste de quelqu'un qui compte des objets en les montrant du doigt. Les jours fastes et néfastes sont scrupuleusement observés par les musulmans algériens, chaque fois qu'ils ont une affaire à entreprendre. Enfin les fous nombreux que l'on rencontre sont l'objet de très grands égards, uniquement parce qu'on les suppose hantés par un démon qu'il est prudent de ménager.

Quoique plus pur et plus vivace que chez les Berbères, le sentiment religieux des Arabes est moins développé qu'on se l'imagine généralement. Pour se manifester avec quelque vivacité, il a besoin d'être excité, soit par la crainte de l'ennemi infidèle, soit par tout autre mobile tout à fait étranger à la foi. Les prédications des marabouts sont sans effet quand ils ne font appel qu'aux sentiments religieux. La tiédeur était devenue si grande parmi les musulmans, qu'il a fallu recourir à l'organisation de confréries puissantes pour raviver la foi qui s'éteignait. C'est surtout au Maroc que se sont créés les ordres qui comptent le plus grand nombre d'adhérents parmi les populations algériennes; la plupart de ces confréries religieuses ne remontent pas à plus de trois siècles, et quelques-unes sont d'une époque tout à fait récente. Chacun des membres de ces ordres doit tous les jours réciter un nombre considérable de fois une courte litanie et comme une erreur de compte détruirait toute l'efficacité de sa prière, il est armé d'un chapelet dont les grains sont divisés en fractions sous-multiples du chiffre total à atteindre. En outre, les frères ou *Khouan* se réunissent généralement chaque semaine en assemblées plénières et se livrent à des prières en commun qui sont un puissant stimulant pour le zèle de tous les affiliés. Grâce aux exercices de jongleurs et de bateleurs qu'ils pratiquent, les *Aïssaouas* se sont donné un relief tout particulier. Leur immunité apparente contre les blessures des armes ou les morsures des animaux venimeux leur donne un véritable prestige aux yeux des crédules indigènes, et ils excitent même l'étonnement des Européens par l'insensibilité dont ils font preuve dans certains exercices réellement douloureux ou dangereux. Une autre confrérie, celle des *Derkaoua*, fondée il y a un siècle à peine, est la seule qui ait joué un rôle politique en Algérie avant la conquête. Ces sectaires, qui n'admettent aucune autorité temporelle, ont essayé au commencement de ce siècle, de mettre en pratique leurs théories, mais ils ont échoué, grâce à l'intervention de l'empereur du Maroc qui leur fit rappeler par leur chef spirituel qu'en substituant, comme ils le faisaient, leur autorité à celle des autres, ils méconnaissaient le principe même au nom duquel ils agissaient. La conquête française a été une des causes qui ont le plus contribué à donner une nouvelle force à la plupart de ces confréries qui dépérissaient faute d'avoir un but capable de faire vibrer le cœur des indigènes de l'Algérie.

Les *Algériens* pour la plupart sont catholiques; en général, ils apportent une assez grande indifférence à la pratique de la religion et la superstition, si commune en Europe, est très rare en Algérie. Ce détachement des choses religieuses ne semble pas devoir se modifier au contact de la religion musulmane, bien que, d'ordinaire, l'antagonisme de deux religions augmente de part et d'autre la ferveur religieuse ; cela tient à ce que les Européens considèrent les indigènes comme appartenant à une race tout à fait inférieure, et ne tiennent en aucune façon à la bonne ou mauvaise opinion qu'ils auront d'eux. Le fort contingent de religion et de superstition apporté par les Espagnols et les Anglo-Maltais n'a point jusqu'ici influé sur les dispositions générales des *Algériens* en ces matières.

Arrivés à l'âge mûr, les Juifs algériens accomplissent avec la plus grande minutie toutes les pratiques de leur religion, mais jusqu'à l'époque de leur mariage, ils vivent sans aucun souci de ce genre et s'ils sont croyants, ils ne le montrent guère. Chez eux, la crainte du mauvais œil est presqu'aussi vive que chez les musulmans ; de petites plaques appliquées contre le chambranle des portes et sur lesquelles on a gravé certains attributs de Jéhovah ou encore des mains en couleur voyante tracées sur les murs, sont destinés à conjurer le mauvais sort. Par une singulière bizarrerie, les Juifs n'hésitent pas à s'adresser aux sorciers musulmans pour leur demander des amulettes ; les Espagnols et les Anglo-Maltais surtout font de même et un thaleb arabe a souvent plus de crédit auprès de ces populations qu'un exorciste de leur religion.

CHAPITRE VI

Langage.

La langue dite kabyle, en usage parmi les Berbères algériens, avoisine de très près les langues sémitiques quoiqu'on ne l'ait pas rattachée à cette famille linguistique et qu'elle fasse partie du groupe dit *chamitique*. Elle se divise en plusieurs dialectes dont les principaux sont : le dialecte de Bougie, celui des Beni Menacer, le chaouïa et le zenatia. Ce sont surtout des modifications euphoniques qui ont créé ces distinctions, car le vocabulaire ne diffère que par une proportion plus ou moins grande de vocables arabes qui ont pris la flexion berbère et ont fait disparaître de l'usage les mots berbères correspondants auxquels ils se sont substitués. Le mécanisme grammatical est le même dans tous ces dialectes ; il est assez rudimentaire et s'il ne s'est pas développé davantage, cela tient sans doute à ce que la langue berbère n'a jamais été l'objet d'une culture littéraire. Il ne semble pas que les caractères lybiques employés encore aujourd'hui par les Touaregs aient été usités depuis bien longtemps par les Berbères algériens qui se servent des caractères arabes dans les rares occasions où ils veulent mettre leur pensée par écrit. Il est difficile toutefois de se prononcer à cet égard, car l'époque à laquelle remontent les inscriptions funéraires que l'on a retrouvées sur certains points de l'Algérie n'a pas été fixée jusqu'ici, même d'une manière approximative. Les seuls vestiges de culture littéraire, consistent en traductions de contes, de livres de droit canonique ou de théologie écrits en arabe; tous les textes que l'on connaît sont transcrits avec l'alphabet arabe, ce qui n'a d'ailleurs rien de bien étonnant, puisqu'ils sont de beaucoup postérieurs à la conquête musulmane. Les chroniques des rois numides dont parle Salluste ne nous sont point parvenues et nous ne savons pas en quels caractères elles étaient écrites. De nos jours, les chansons de guerre ou d'amour qu'improvisent les bardes berbères se transmettent de bouche en bouche sans qu'on songe jamais à les fixer par écrit.

Le zenatia parlé par les Mozabites qui habitent l'extrême sud de l'Algérie est le dialecte berbère qui a été le moins pénétré

par la langue arabe ; le chaouïa a fait un
plus grand nombre d'emprunts à l'idiome de
Mahomet, mais moins cependant que le dialecte des Beni Menacer et surtout celui de
Bougie. On a cru reconnaître dans la langue
berbère quelques mots empruntés au latin ;
cela est peu probable, car les seules expressions signalées se rapportent à des choses que
les Berbères ont connues bien avant l'arrivée
des Romains, comme par exemple, *jardin*,
champ, *porte*, etc... Le mot *porte*, en particulier, se retrouve avec une forme identique et
certainement berbère dans le dialecte des
Touaregs de Ghat.

Les Berbères arabisés parlent tous un dialecte arabe qui n'a reçu qu'un nombre très
infime des mots berbères et qui, au point de
vue grammatical, ne présente pas une différence sensible avec les autres dialectes arabes.
La prononciation classique du Coran n'a pas
été fortement altérée dans le dialecte algérien
et encore les quelques altérations qu'elle présente sont-elles plus accentuées dans les
villes que dans les campagnes. Les diverses
voyelles brèves ont été remplacées par un
son unique très bref se rapprochant de l'*e*
muet du français, ce qui a donné au langage
une rudesse qui contraste singulièrement

avec la douceur de la prononciation égyptienne ou syrienne. Cette rudesse va en s'accroissant, à mesure qu'on avance vers l'Occident, et elle atteint son maximum dans l'empire du Maroc. Dans les ports de mer, bon nombre de vocables espagnols et italiens se sont glissés dans le langage des indigènes algériens et l'on a cru pendant longtemps qu'il était plus corrompu qu'il ne l'est en réalité. La conquête française a fourni aussi son contingent de mots barbares pour des oreilles musulmanes, mais, à tout prendre, les indigènes de l'Algérie parlent un idiome qui, en dépit des railleries qu'il excite parmi les musulmans de l'Orient, n'est guère plus éloigné de l'idiome coranique que les autres dialectes arabes. Les Arabes qui fréquentent peu les villes et qui, par suite, sont moins souvent en contact avec des populations parlant une langue étrangère ont un langage plus pur que celui des Berbères arabisés; toutefois il convient d'ajouter que, vivant à la façon de leurs ancêtres de l'Arabie, ils n'ont pas eu comme les populations sédentaires à créer des expressions nouvelles répondant à des besoins nouveaux.

Il va sans dire que les *Algériens* parlent la langue française; ils la prononcent, en général, sans le moindre accent, tout en ayant cette tendance propre aux gens du Midi de ne point distinguer les voyelles longues des voyelles brèves : *ai* et *é* représentent pour eux un même son. Quelques vocables arabes font partie non seulement du langage courant, mais même de la langue officielle, et certains de ces mots, comme *gourbi*, *razzia*, *goum* ont trouvé place dans le Dictionnaire de l'Académie. Il n'y a pas encore de locutions particulières aux Algériens ; pourtant si l'on entend dire partir *pour France* au lieu de *pour la France*, on peut être assuré que celui qui s'exprime ainsi a certainement habité l'Algérie. L'activité scientifique est assez grande en Algérie et surtout à Alger, mais jusqu'ici les œuvres purement littéraires ont été assez peu nombreuses et elles sont dues à des Français établis dans le pays et non à des véritables *Algériens.*

Entr'eux, les Juifs indigènes parlent un arabe corrompu dans lequel ils ont fait entrer un nombre considérable de mots français auxquels ils appliquent les flexions arabes. Ce jargon se rapproche beaucoup de celui parlé par les soldats indigènes, turcos et spahis qui, eux aussi, ont eu besoin d'imaginer des mots pour rendre toutes les choses nou-

velles qui n'avaient point d'expressions dans
leur langue ou dont les expressions tombées en
désuétude ne leur étaient point connues. Quelquefois les Juifs entremêlent des mots hébreux
dans leur langage, mais ils ne le font que lorsqu'ils veulent cacher ce qu'ils disent aux
musulmans qui les entourent. Tous d'ailleurs
connaissent la langue française et ceux de la
province d'Oran sont également familiers
avec la langue espagnole. Cette facilité de
s'exprimer en plusieurs idiomes leur a donné
un grand avantage sur les Européens et sur
les indigènes ; pendant longtemps, ils ont été
nos seuls intermédiaires avec les musulmans
et aujourd'hui encore la plupart des opéra-
tions commerciales avec les indigènes se font
par leur entremise. L'hébreu n'est plus guère
étudié par la nouvelle génération juive ; elle
se contente d'apprendre à lire cette langue
afin d'être en état de se servir des livres de
prières. Quant à l'écriture hébraïque qui
était employée autrefois pour transcrire la
correspondance rédigée en arabe ou en espa-
gnol, elle tend de jour en jour à disparaître.
Tous les Juifs indigènes lisent le français et
écrivent en cette langue.

CHAPITRE VII

Caractères moraux. — Institutions sociales. — Mœurs et Coutumes.

De tous les sentiments celui de la vengeance est sans contredit le plus profondément empreint dans le cœur du Berbère. Rien ne le détourne du projet qu'il a médité contre celui qui l'a outragé : le temps n'affaiblit jamais en lui le souvenir de l'offense et il est capable de tous les efforts et de tous les sacrifices pour donner satisfaction à son besoin de rancune. Il est foncièrement cruel ; le meurtre d'un homme est pour lui un péché véniel et, pour la contestation la plus futile, il n'hésite pas à tuer son semblable. Quoique d'une bravoure à toute épreuve dans le combat, il essaie toujours de frapper traîtreusement son ennemi et l'emploi du poison ne lui paraît pas plus déloyal que celui d'une arme à feu ou d'un casse-tête. Les femmes sont aussi courageuses que les hommes ; non contentes d'assister de loin au combat et d'encourager de leurs paroles leurs maris ou leurs frères, elles s'exposent souvent au milieu de la mêlée et se précipitent sur l'ennemi pour lui arracher ses armes. Cette bravoure est tout à fait instinctive, car l'affection qu'elles portent à ceux qu'elles défendent ainsi n'est jamais bien vive et le sort qui les attend si elles viennent à tomber entre les mains de l'ennemi n'a rien qui les effraie.

La probité commerciale est une vertu commune à tous les musulmans quand ils opèrent entr'eux ; mais dès qu'ils ont affaire avec des étrangers, ils deviennent moins scrupuleux. La religion n'a rien à voir dans ce changement de conduite : se trouvant en présence de commerçants plus habiles qu'eux et disposant de ce puissant moyen d'action qui s'appelle le crédit, ils croient qu'ils ne peuvent lutter contre la concurrence que par la fraude et la déloyauté. Les Berbères qui jusqu'ici ont été moins directement en contact avec les Européens, ont peut-être conservé une probité commerciale un peu plus grande que les autres indigènes de l'Algérie, mais cette différence diminue de jour en jour, et le moment n'est pas éloigné où le Berbère saura trouver pour ses denrées des procédés de fraude analogues à ceux employés par les Arabes lorsque, par exemple, ils augmentent le poids de leurs laines en les saupoudrant de sable.

Déjà, du reste, la fabrication de la fausse monnaie a été pratiquée avec une certaine habileté par les Kabyles du Djurdjura. Leur avarice leur suggérera certainement des moyens que leur intelligence épaisse n'aurait point suffi à leur faire trouver.

L'amour de l'indépendance dont on fait honneur aux Berbères ne mérite pas tous les éloges qu'on lui a prodigués. Chez eux, ce sentiment procède d'un égoïsme étroit et d'une nature farouche et ombrageuse; il n'a rien de commun avec cette aspiration à la liberté qui hante le cœur de tous les habitants de l'Europe. Cette liberté qui entend lutter contre tous les privilèges afin de laisser à chaque homme, dans la mesure de son intelligence et de ses forces, la faculté d'améliorer son sort par la richesse ou les honneurs, établissant ainsi la seule égalité possible, n'est même pas soupçonnée par les Berbères. Leur nature sauvage prend ombrage de toutes les supériorités et le désir d'indépendance qui les anime n'a pour eux d'autre objet que de les soustraire aux obligations qui leur incomberaient dans une société mieux disciplinée.

La fidélité à la parole donnée est assez commune parmi les Berbères; leur amour-propre est aussi très développé et leur susceptibilité facilement mise en éveil. Cette fierté ombrageuse les porte rarement au bien ; ils s'irritent des reproches qu'on leur adresse sans jamais chercher, par une conduite différente, à les éviter dans l'avenir. L'intérêt personnel est à peu près le seul guide qu'ils aient pour distinguer le bien du mal : le crime n'existe à leurs yeux que quand ils en sont les victimes.

L'unité sociale chez les Berbères est la *kharrouba* qui comprend tous les membres d'une même famille. Autour de ce groupe familial viennent parfois s'établir quelques étrangers — rejetons de familles trop peu nombreuses pour former à elles seules un établissement en état de se défendre — et cette agglomération constitue le village. Si le village est capable de résister à ses voisins, il forme à lui seul une petite république ; sinon, il contracte alliance avec un ou deux villages voisins et la petite république devient alors fédérative. Enfin, quand on a à redouter un ennemi très puissant, il se crée une véritable confédération qui peut embrasser jusqu'à vingt mille individus ; mais cette confédération, en général temporaire, ne dépasse pas d'ordinaire le chiffre de trois ou quatre mille individus. Sauf le cas de guerre, les liens qui unissent les membres d'une confédération sont peu étroits ; les intérêts de chaque village sont absolument séparés de ceux de leurs voisins et le *kanoun*, ou code particulier à chaque groupe familial, varie d'une localité à l'autre, même dans les confédérations les mieux unies. Il n'y a donc que la sécurité et la liberté d'aller et de venir sur un territoire déterminé qui soient les avantages réels de cette association des villages.

Parmi les institutions spéciales aux Berbères, il en est une, appelée *anaïa*, qui mérite d'être signalée. Grâce à cette institution tout habitant d'un village ou d'une confédération peut prendre un étranger sous sa protection et réclamer l'assistance de tous les membres de l'association politique dont il fait partie pour défendre son protégé dans le cas où il serait victime d'un acte d'agression. Pour que l'*anaïa* soit efficace, il faut que celui auquel il est donné soit porteur d'un objet connu comme appartenant à celui qui le couvre de sa protection. Cette coutume conservée jusque dans ces derniers temps par les Kabyles du Djurdjura a disparu maintenant qu'elle est devenue absolument inutile.

Chaque village est administré par un *amin*, sorte de maire qui est assisté de quelques no-

tables. L'amin est élu de la façon suivante :
les électeurs, c'est-à-dire tous les habitants
majeurs du village, se réunissent sans armes
sur la place publique ; chacun des deux candidats se place sur un des côtés de la place et ses
partisans viennent se grouper autour de lui.
Un simple coup d'œil suffit, en général, pour
faire connaître le résultat du vote ; mais s'il
y a doute ou, en d'autres termes, si les votants
de chaque parti sont en nombre à peu près égal,
l'élection se termine par une bataille à coups
de pierre et de bâton. La majorité est naturellement acquise, en fin de compte, à ceux qui
sortent vainqueurs de cette dernière partie
de la lutte électorale. En général, il n'y a que
deux candidats représentant chacun un des
deux *çoffs* ou partis qui divisent invariablement chaque village berbère. Dans une société à demi sauvage, cette division ne saurait
produire d'heureux résultats et l'inimitié des
çoffs n'a jamais amené le parti à la tête des
affaires à faire un usage modéré du pouvoir
qui lui était conféré. Il est difficile de se prononcer sur la date, même approximative, à
laquelle remonte cette organisation politique
des berbères, mais, fait curieux à signaler,
les noms qui en désignent les divers personnages ou rouages sont tous d'origine arabe et

n'ont, pour la plupart, subi aucune altération.

La *djemaâ* ou conseil municipal se réunit une fois par semaine pour délibérer sur les affaires de la communauté; tous les habitants mâles en font partie, à la seule condition d'être majeurs ou, pour mieux dire, complètement pubères, ce qui a lieu vers l'âge de quinze ou seize ans. Les décisions sont prises à l'unanimité des membres présents après une discussion dans laquelle tout le monde est admis à prendre la parole. Outre ses attributions administratives, la djemaâ possédait autrefois une autorité juridique qui lui a été retirée dans ces dernières années. Aujourd'hui l'amin n'est plus élu que pour un an et son élection n'est valable qu'après ratification par l'administration.

Les musulmans n'ont point de véritable clergé; l'imam qui dirige les offices n'est en quelque sorte qu'un maître de cérémonies chargé de rappeler aux fidèles les pratiques traditionnelles de la prière en commun. Quant au mufti, c'est plutôt un magistrat qu'un prêtre, car il décide non seulement en matière canonique, mais encore en matière civile et criminelle dans tous les cas que le code musulman n'a pas prévu. Chez les Berbères, cependant, la caste des marabouts a une grande

influence religieuse et elle jouit de privilèges
analogues à ceux accordés aux membres du
clergé par les différents peuples. La qualité
de marabout est héréditaire dans la lignée
mâle de tous ceux qui ont mené une vie religieuse exemplaire ou plutôt qui se sont con-
sacrés exclusivement à la défense de l'islam
contre les infidèles. Ces sortes de croisés
musulmans vivaient autrefois dans de véritables couvents appelés *ribath* et leur nom
actuel signifie « *attaché à un ribath* ». Aujour-
d'hui les marabouts oubliant leur ancienne
origine se font exempter du service militaire
et n'ont point à payer d'impôt ni à fournir de
corvées ; le plus souvent même, ils font cul-
tiver leurs champs par des corvées recrutées
parmi les habitants de la tribu.

Tous les marabouts ne savent pas lire, mais
cependant c'est, en général, à des membres
de cette caste que revient le soin de donner
l'instruction aux enfants indigènes. Cette instruction toute sommaire consiste à enseigner
des prières, quelques chapitres du Coran que
l'on fait apprendre par cœur et enfin la lecture
et l'écriture. Certains fils de marabouts font
des études plus sérieuses dont le niveau ne
dépasse jamais, si toutefois il l'atteint, celui
de l'enseignement primaire supérieur donné

en Europe. Ces études faites dans des établisments appelés *zaouïas* peuvent être complétées dans les universités des grandes villes auxquelles on donne le nom de *medersa*. Les frais d'entretien des *zaouïas* sont couverts par les produits de dotations de bien de mainmorte ou par des contributions volontaires des gens de la tribu à l'époque des semailles, des moissons et des vendanges. Les médersas ont des revenus analogues.

Les zaouïas sont en quelque sorte les séminaires des musulmans; l'instruction religieuse y est donnée en même temps que l'instruction laïque. C'étaient, en outre, avant la conquête française, des lieux d'asile où les malfaiteurs pouvaient se réfugier en toute sécurité; peut-être est-ce grâce à ce privilège que les zaouïas sont devenus des foyers de vices sans noms, à moins cependant que cela ne soit simplement dû à la vie en commun que mènent les étudiants de ces établissements. Toujours est-il que l'immoralité y atteint son plus complet développement. On cite même une zaouïa kabyle, celle de Ben Driss, qui renfermait à la fois deux catégories d'étudiants : ceux de la première menaient la vie ordinaire des écoliers musulmans; ceux de la seconde s'exerçaient à détrousser les passants et souvent même com-

plétaient leurs études sur le vol par quelques
essais sur l'assassinat. Ces derniers élèves
étaient tenus, après leur sortie de la zaouïa,
de prêter main-forte et assistance aux nouvelles recrues quand il y avait un coup difficile à faire et cela sous peine d'être rayé du
livre d'or où figuraient les noms de tous ces
étudiants. Quelle que soit l'origine de cette
bizarre institution, le seul fait d'en avoir to-
léré l'existence ne donne pas une haute idée
de la valeur morale du peuple berbère.

Quoique la polygamie soit autorisée par le
Coran, l'immense majorité de la population
musulmane n'use point de cette faculté. La
possession légitime de plusieurs femmes est
un luxe et les Berbères sont pour la plupart
trop pauvres pour se permettre cette sorte de
confort permis par la loi. Ce serait donc une
erreur de faire à ce peuple un mérite de n'a-
voir qu'une femme et de croire que sous ce
rapport il est supérieur à l'Arabe : il est moins
riche, voilà tout. La condition que les Berbères font à leurs femmes n'indique pas une
grande tendresse du cœur. A peine nubile, la
jeune fille est mariée au premier venu qui lui
constitue un douaire raisonnable et qui fait
à son père un cadeau suffisant. Une fois mariée, ses devoirs sont nombreux et pénibles ;

elle va chercher, souvent fort loin, l'eau et le bois nécessaires à la consommation du ménage ; elle moud elle-même, à l'aide d'un moulin à bras, tout le grain destiné aux repas de la famille ; elle tisse la plus grande partie de ses vêtements, ainsi que ceux de son mari et de ses enfants ; elle trait les chèvres et les vaches, etc. Si à ces diverses charges et à celle toute naturelle de nourrir et d'élever ses enfants, on ajoute les corrections manuelles que le mari administre avec prodigalité, on trouvera que la situation de la femme berbère est peu enviable. Le seul avantage qu'elle paraisse posséder sur la femme arabe, c'est le droit d'aller et de venir à visage découvert, mais si elle n'a pas le soin de détourner la tête chaque fois qu'elle se croise avec un homme qui n'est point son parent, le mari sait lui rappeler, par une volée de coups, que l'affranchissement du port du voile n'est qu'une simple mesure d'économie.

La vie est rude pour tous en pays berbère ; rarement on y mange à sa faim et sans les distributions de viande faites de temps à autre aux frais de la communauté l'alimentation serait presque exclusivement végétale. Ces distributions appelées *thimecheret* doivent sans doute leur origine à quelque an-

cienne coutume païenne et rappellent les
sacrifices faits aux dieux nationaux. Actuellement les frais en sont prélevés, sur le produit des amendes ou sur l'excédent des recettes
du budget municipal.

Les circoncisions et les mariages sont à
peu près les seules occasions de fêtes privées ; les repas copieux qui sont offerts dans
ces circonstances forment la principale réjouis-
sance des indigènes. Les fêtes religieuses sont
au nombre de trois : le Mouloud ou Nativité
du Prophète, l'*Aïd esseghir* (la petite fête) qui
suit le jeûne du Ramadhan et l'*Aïd elkebir*
(la grande fête), sorte de Pâques musulmanes ;
cette dernière fête coïncide avec les sacrifices
que font les pèlerins de la Mecque. Le repos
sabbatique n'existe pas chez les musulmans ;
l'office du vendredi auquel on est tenu d'assister ne dure pas plus d'une heure et l'on
peut employer le reste de la journée aux travaux habituels. Ce repos, du reste, est loin
d'être nécessaire même pour le Berbère qui,
en raison de la pauvreté du sol qu'il habite
et dont il ne détient qu'une minime portion,
est obligé à un travail plus opiniâtre que les
habitants des régions plus fertiles. Pour tous
ces peuples, l'excès de sobriété paraît préfé-
rable à l'excès de travail.

Sans pouvoir prétendre à une grande déli-
catesse de sentiments, les Berbères arabisés
et les Arabes sont sans contredit moins rudes
et moins grossiers que les Berbères. S'ils ont
perdu l'usage de l'anaïa, ils rachètent ample-
ment cette perte par leur hospitalité large
et pleine de cordialité : l'anaïa ne s'accorde
qu'à un ami, l'hospitalité est offerte à tous.
L'habitant des plaines est moins vindicatif que
celui des montagnes ; s'il pardonne difficile-
ment, il sait oublier avec assez de facilité.
Son maintien est grave, mais, sous son visage
compassé il ne se cache pas plus d'hypocrisie
que sous celui du Berbère à la physionomie
la plus ouverte.

Sauf dans quelques villes et quelques bourgs,
les Berbères arabisés sont à demi nomades,
aussi leur organisation politique diffère-t-
elle sensiblement de celle des montagnards.
Chaque douar est bien constitué par un
groupe familial, mais l'impossibilité de résister facilement à l'ennemi sur le terrain peu
accidenté qu'ils occupent oblige les habitants
à former des confédérations autrement
étendues que celles de Berbères. Les membres
de ces tribus disséminés sur d'immenses
espaces n'ont réussi à maintenir leur confédération qu'en centralisant entre les mains d'un

chef unique des pouvoirs très étendus. Cette organisation a ainsi amené la formation d'une sorte de caste puissante, sans toutefois détruire d'une manière complète l'esprit égalitaire qui est naturel chez les principaux peuples musulmans. Sans doute le caïd de la tribu est obéi dans ses moindres caprices et son autorité est celle du tyran le plus despotique, mais si ce chef est trop violent ou trop inique, on n'hésite pas à entrer en lutte avec lui et, au besoin, on va jusqu'à l'assassiner. Tout individu qui s'est fait remarquer par son intelligence et sa bravoure peut aspirer à exercer la suprématie sur la confédération dont il fait partie. Le succès de l'émir Abdel-Kader fournit un exemple récent de cette facilité avec laquelle on se crée une place distinguée dans la prétendue aristocratie arabe, qui n'est héréditaire qu'à la façon de la bourgeoisie française, c'est-à-dire qu'il est plus facile à celui dont les parents sont riches ou influents d'arriver à une situation élevée qu'à celui qui, supérieur par l'intelligence, est soutenu par son seul mérite. Les honneurs que les Arabes rendent au fils de leur caïd ressemblent à s'y méprendre aux égards accordés dans un bourg de France au fils d'un riche bourgeois ou d'un haut fonctionnaire.

D'un naturel très belliqueux, les Berbères arabisés, de même que les Arabes, saisissent le moindre prétexte pour faire usage de leurs armes. Une cause futile suffit à provoquer une razzia ou pillage à main armée sur le territoire de la tribu voisine. Ces rencontres rarement meurtrières sont, pour ainsi dire, des exercices guerriers dans lesquels les jeunes gens font leur éducation militaire, tandis que les hommes faits s'y tiennent en haleine pour le jour du véritable combat. Quand les hostilités ont un motif sérieux, la lutte devient plus sanglante quoique, en général, le sort de la bataille dépende uniquement du résultat du premier choc.

Les mœurs relâchées des femmes arabes occasionnent de nombreux crimes parmi les indigènes algériens. Il est rare qu'une femme arabe n'ait pas un amant et quand celui-ci est surpris rôdant autour du douar, on préfère, pour éviter le scandale, le considérer comme un voleur. Cependant les vols sont peu fréquents et sont presque toujours commis par des passants étrangers à la tribu. Le respect de la propriété d'autrui n'est guère observé vis-à-vis de l'étranger, qu'il soit ou non musulman, car le vol dans ce cas est une sorte de fait de guerre aux yeux des indigènes.

Dans les plaines, la vie est relativement
facile ; les semailles et la moisson absorbent
tout au plus trois mois de l'année. Les soins
donnés au bétail se réduisent à le mener au
pâturage et à l'abreuvoir et ce sont de tout
jeunes gens, presque des enfants, qui sont
chargés de le surveiller. Les animaux vivent
complètement en plein air et doivent trouver
d'eux-mêmes leur nourriture. Le cheval seul
est l'objet de quelques soins particuliers et
encore cela se borne-t-il à lui donner de temps
à autre une poignée d'orge et un peu de paille
hachée par les pieds des animaux qui font le
dépiquage des grains. Pendant leurs longues
heures d'oisiveté, les hommes tressent quelques objets de vannerie en se livrant à d'in-
terminables causeries dans lesquelles les
moindres actes de leur vie monotone deviennent d'importants sujets de conversation.
Ils ne chassent, ni ne pêchent et les courses
qu'ils font pour assister aux divers marchés
publics de la tribu ne suffisent pas à les faire
sortir de leur engourdissement physique aussi
grand au moins que leur apathie morale et
intellectuelle. La fertilité du sol et la beauté
du climat ont singulièrement contribué à développer cette paresse qu'entretient une incroyable sobriété. L'odeur de la poudre a

seule le don de secouer la torpeur de ces hommes et la croyance à la fatalité, loin d'être la cause de cette indolence en est plutôt le résultat direct, car les *Algériens*, malgré la différence de religion, ont une tendance marquée à se rapprocher des indigènes, sous le rapport de la paresse physique ; il est vrai qu'ils rachètent ce défaut par une incroyable vivacité d'esprit. En Algérie, la fatigue inhérente au travail est accrue dans une forte proportion par l'effet du climat, et il n'y a que ceux qui vivent dans les campagnes qui conservent, par un exercice continuel, la vigueur du sang européen.

L'industrie assez active chez les Berbères est nulle chez les Berbères arabisés et les Arabes. Dans chaque famille, on fabrique les objets indispensables à l'existence primitive qu'on y mène ; les femmes tissent les étoffes, haïks et burnous qui composent les pièces principales du costume de tous ; elle font encore des tapis, des couvertures et les pièces d'étoffes grossières que l'on assemble pour former la tente. Les hommes façonnent eux-mêmes les bois des charrues et tressent les paniers et les cordes qui, avec une pioche à deux tranchants fabriquée par un forgeron, constituent le fonds de leur outillage agricole.

Des plats en terre et en bois, une cruche et un chaudron composent à la fois la vaisselle et la batterie de cuisine. Quant à l'ameublement, il consiste en quelques nattes, en un coffre en bois et parfois en tapis. Rien n'est triste et froid comme l'intérieur d'une tente ou d'un gourbi pendant la mauvaise saison, mais dès que le soleil paraît, les flots de lumière qui inondent ces loques leur donnent un aspect moins misérable et presque pittoresque.

Dans les villes, l'industrie est plus active; on y trouve surtout des potiers, des teinturiers, des armuriers, des forgerons, des chaudronniers, des menuisiers, des tanneurs et une quantité incroyable de cordonniers. Cela paraîtrait surprenant dans un pays où l'on voit tant de gens marcher pieds nus, si l'on ne savait que les indigènes ôtent leurs chaussures quand ils ont une longue course à faire. Sauf en Kabylie, les matières d'or et d'argent sont exclusivement travaillées par les Juifs.

La condition de la femme arabe est peut-être moins pénible que celle de la femme berbère, mais cela tient au bien-être relatif dont on jouit dans les plaines plutôt qu'à des attentions particulières dont elle serait l'objet

de la part de son mari. Pour l'une comme
pour l'autre, les travaux sont pénibles et les
distractions rares. La femme indigène ne
mène une vie supportable que dans les villes.
Là, elle est dispensée de la plupart des travaux
fatigants qui incombent aux femmes de la
campagne ; elle ne va pas chercher au loin ni
l'eau, ni le bois, et rarement elle moud le
grain. Si elle est condamnée à ne jamais
sortir sans avoir la figure voilée, du moins
elle peut visiter ses voisines et jouir avec
elles des plaisirs de la réunion et de la coquetterie. Tous les jeudis ,les femmes des villes
passent leur après-midi au bain maure ; chacune d'elles y apporte ses plus belles toilettes
qu'elle revêt à la sortie de l'étuve, dans une
sorte de salon, et c'est à la suite de cet assaut
de coquetterie que l'on fixe la mode qui,
d'ailleurs, est peu variée. Le vendredi, elles
se rendent au cimetière, moins pour rendre
un culte aux morts que pour se distraire au
grànd air, en toute liberté. Le choix de ce lieu
de réunion nous paraît singulier, mais on
peut l'expliquer, je crois, par la difficulté de
trouver hors des villes un endroit où les
femmes soient plus à l'abri des grossièretés
ou des tentatives galantes des indigènes. Le
champ du repos inspire le respect aux hommes

les plus audacieux et les plus dévergondés. Les circoncisions, les mariages et quelques fêtes intimes ajoutent encore aux distractions des femmes indigènes des villes.

La prostitution assez rare avant la conquête française est devenue aujourd'hui plus fréquente. Elle est surtout alimentée par les femmes des villes et par les femmes berbères. Chez les Berbères, il existait autrefois une coutume qui a entièrement disparu et qui consistait à offrir à tout étranger les faveurs de la femme ou de la fille aînée de la maison dans laquelle il était reçu, mais c'était une coutume particulière à quelques tribus seulement. Dans le sud, la prostitution est, pour ainsi dire, dans les mœurs de la tribu des Oulad-Naïl. Toutes les femmes de cette tribu, avant de se marier, vont au loin trafiquer de leurs charmes et se croiraient déshonorées si, en rentrant chez elles, elles n'apportaient pas une somme suffisante qui témoignât de leurs succès. Elles se marient ensuite et font, dit-on, des épouses modèles.

On a souvent dit que le père musulman vendait sa fille à un mari : cela n'est absolument pas exact. L'argent donné par le mari appartient à la femme et nullement à son père qui ne reçoit, en général, qu'un assez

maigre cadeau suffisant à peine à l'indemniser
de sa part de frais dans les fêtes du mariage.
Cette fausse appréciation est due à une mauvaise traduction d'un texte de droit musulman
où il est dit : « Le mariage est un contrat soumis
aux mêmes principes que celui de la vente, »
et non « le mariage est une sorte de vente. »
Le véritable vice de l'institution du mariage
en pays musulman est la facilité, chaque jour
plus grande, accordée à la répudiation et au
divorce : les maris abusent du pouvoir que
les mœurs leur accordent et contraignent
leurs femmes à demander elles-mêmes la répudiation, de façon à n'avoir pas, eux maris,
à payer le complément de douaire. L'usage,
en effet, permet au mari de ne verser, au moment du mariage, que la moitié de la somme
fixée comme montant de la dot de sa femme,
et si la répudiation est ensuite demandée par
la femme, elle perd tous ses droits au reliquat
de la dot qui n'est, en général, stipulé payable
qu'à une échéance très éloignée. Grâce à la
séquestration qui lui est imposée, la femme
musulmane, ignorante de ses droits, ne peut
se renseigner auprès de quelqu'un comme elle
le ferait sûrement si elle vivait dans d'autres
conditions. L'isolement des femmes a amené
l'isolement des familles et, la vie en commun

ne s'étendant pas au delà du groupe familial, c'est sur cette base que s'est trouvé fondé tout le système social.

On ne saurait encore tracer d'une manière précise les caractères moraux des *Algériens* : on peut cependant déjà constater leurs tendances. Jusqu'ici, ils ne se distinguent des Français que par un développement plus précoce de l'intelligence, un esprit aventureux et des passions très vives qui compensent dans une certaine mesure le léger affaiblissement de leur énergie physique. Il convient d'ajouter qu'en Algérie les méridionaux ont toujours formé la majorité de la population, et ont naturellement fait prédominer leurs caractères.

Les Juifs indigènes ont conservé les caractères généraux de leur race tout en prenant l'apparence extérieure du peuple au milieu duquel ils vivaient. En cela encore ils suivaient les errements de leurs coreligionnaires dans toutes les parties du monde. Ainsi, après s'être confondus avec les Arabes et les Berbères avant l'époque de la conquête française, ils ont, depuis, si bien pris les usages des Européens que la jeune génération surtout, ne diffère pas en apparence de la nouvelle race algérienne. Au fond, cependant, il existe une distinction assez tranchée entre ces deux catégories de la population de l'Algérie. C'est surtout en avançant en âge que les caractères du Juif s'éloignent de plus en plus de ceux du chrétien; arrivé à l'âge mûr, le Juif reprend volontiers une partie de ses anciennes habitudes, il pratique avec plus de ferveur ses devoirs religieux et de là naît un certain mépris pour ceux qu'il appelle des *goïm*.

La femme juive paraît s'émanciper plus facilement du joug religieux, mais sa famille réussit presque toujours à l'éloigner des chrétiens ou chrétiennes avec lesquels elle s'est liée d'amitié. Les mariages mixtes sont rares et pourtant ils sont souvent désirés par les jeunes juives indigènes dont l'éducation et l'instruction sont d'ordinaire supérieures à celles de leurs frères. La faculté d'imitation que possèdent les femmes de tous les pays est sans doute une des causes principales de cette supériorité.

Le commerce de détail est presqu'en entier aux mains des Juifs indigènes et beaucoup d'entre eux commencent déjà à faire le commerce en gros. La seule industrie importante qu'ils exercent est celle de la fabrication des bijoux à l'usage des musulmans. Ils fréquentent très assidûment les écoles primaires, et un certain nombre d'entre eux qui ont reçu une instruction plus complète recherchent les charges d'officiers ministériels, principalement celles d'interprètes et d'huissiers.

Il n'existe pas de véritable mouvement anti-sémitique en Algérie. Les conflits qui se sont produits dans ces derniers temps ne méritent point ce nom. La haine très vive que professent, en général, les Espagnols et les Anglo-Maltais pour les Juifs a seule fait dégénérer des querelles de jeunes gens en une manifestation tumultueuse, à laquelle les Français et les *Algériens* n'ont pris qu'une bien faible part. Les allures hautaines de quelques jeunes Juifs ont réveillé les sentiments de jalousie qu'avait fait naître la rapidité merveilleuse du développement de leur fortune. On a oublié un instant que la plus-value donnée aux immeubles et aux denrées par le fait de l'occupation française était, plus que le travail et l'économie, l'origine de cette prospérité exceptionnelle et l'on a été tenté d'y voir le résultat de manœuvres malhonnêtes. Mais le calme s'est promptement rétabli et la façon de vivre de la nouvelle génération juive ne tardera sans doute pas à faire disparaître cette cause de rivalité. La naturalisation en masse des Israélites, en leur con-

férant les droits politiques, menaçait aussi
de devenir un germe de discorde sous
l'empire du scrutin d'arrondissement ; mais
avec le scrutin de liste, ce danger n'est plus à
craindre, car les voix juives n'exercent plus
une influence aussi prépondérante sur le résultat des élections.

CHAPITRE VIII

Traditions et Histoire.

Sauf les mémoires signalés par Salluste, on n'a pas conservé la trace de documents historiques écrits par les Berbères. Les traditions écrites en arabe sont toutes d'origine relativement récente et ne remontent pas au delà de l'invasion arabe. Tous les Berbères cherchent à se rattacher à la race arabe et font venir leurs ancêtres de l'Arabie. Cependant ils paraissent reconnaître que les conquérants venus de l'Orient auraient rencontré une nombreuse population autochtone à laquelle il se seraient mêlés. A moins d'admettre que les vainqueurs aient adopté la langue des vaincus, il est difficile de s'expliquer comment l'idiome berbère se trouvait seul en usage dès l'époque de la conquête musulmane, s'il n'y avait été apporté par les conquérants. Il est donc problable que l'invasion dont le souvenir s'est conservé a été précédée d'une autre plus importante et qui serait sans doute d'origine chananéenne.

On a supposé que les peuples blonds représentés par les Mèdes, les Perses et les Arméniens dont parle Salluste, au lieu de suivre le littoral africain de la Méditerranée auraient traversé le midi de l'Europe et traversé ensuite le détroit de Gibraltar. Bien qu'au point de vue ethnographique la question de l'itinéraire suivi n'ait pas une grande importance, il semble difficile d'accepter cette hypothèse ; on s'imagine avec peine un peuple tout entier, traversant le détroit de Gibraltar à cette époque reculée où la navigation devait être dans l'enfance, à moins de supposer que cette migration ait été antérieure à l'existence du détroit, ce qui serait la faire remonter à l'époque préhistorique.

Tous les historiens musulmans parlent de tribus berbères professant la religion juive à une époque antérieure à la conquête islamique. La présence de ces juifs ne saurait être expliqué, ni par une migration qui aurait suivi immédiatement la destruction du temple de Jérusalem — migration que les historiens auraient certainement signalée, si elle avait été assez importante pour aller fonder des établissements jusque dans le sud du Maroc, — ni par la simple prédication de missionnaires car, dans cette seconde hypothèse, le lien qui unit entr'eux les Juifs a toujours été assez étroit pour que le succès de ces missions en eût fait conserver le souvenir dans la communauté du peuple d'Israël. Il ne reste qu'une seule manière d'expliquer l'existence du judaïsme à cette époque, c'est d'accepter la légende arabe qui rapporte qu'à la suite de la lutte qu'ils eurent à soutenir contre David, les Philistins auraient, avec un certain nombre d'autres tribus d'origine chananéenne, quitté la Palestine et se seraient répandus dans les provinces du nord de l'Afrique. C'est peut-être à ce même moment que le judaïsme s'est introduit en Arabie et la communauté d'origine des Philistins d'Arabie et d'Afrique a pu laisser croire à ces derniers et, par suite, aux Berbères auxquels ils s'étaient mêlés qu'ils étaient de race arabe.

Quoi qu'il en soit de la véritable origine du peuple envahisseur, il est certain que son arrivée en Afrique, a eu pour résultat de donner à la race berbère ses principaux caractères et de faire disparaître, dans la fusion qui s'est opérée, les traits particuliers des autochtones. Quant aux invasions postérieures, elles n'ont laissé, si l'on en excepte celle des Arabes musulmans, qu'une bien faible trace de leur passage.

Ce n'est qu'à partir du ix⁰ siècle avant notre ère que nous possédons des données historiques sur l'Algérie, et encore se rapportent-elles plutôt aux Phéniciens qu'aux habitants du pays. La colonie tyrienne établie par Didon à Carthage n'occupa sur le littoral de l'Algérie que les points qui offraient à la fois un refuge pour ses navires et un aliment pour son commerce. Jamais ces comptoirs ne devinrent la base d'une occupation effective et les Carthaginois ne pénétrèrent dans l'intérieur du pays qu'en amis et non en maîtres. Les indigènes qui suivirent Annibal pendant la deuxième guerre punique n'étaient pas des tributaires, mais simplement des alliés ou des mercenaires.

Après la destruction de Carthage, les Romains étendirent peu à peu leur domination sur toute l'Algérie. En soutenant d'abord Massinissa contre Syphax, ils déterminèrent la création d'un royaume numide dont la capitale était Cirta (Constantine); puis, sous le règne de Micipsa, de nombreuses colonies romaines vinrent s'établir en Algérie et préparèrent l'occupation définitive du pays et la chute de la dynastie numide. Jugurtha, effrayé du rôle prépondérant que prenaient les Romains dans sa patrie, essaya de reconquérir son indépendance. Malgré l'énergie qu'il déploya d'abord en arrachant le pouvoir à Adherbal et à Hiempsal, les deux fils de Micipsa, puis en luttant contre Rome, Jugurtha fut vaincu et livré à ses ennemis par le roi Bocchus, dont il avait fait son allié. A ce moment (106 av. J.-C.), l'occupation romaine put être considérée comme définitive, bien que l'annexion du pays à l'empire romain ne date que de l'an 43 de J.-C. et que Hiempsal et Mandrestal aient conservé le titre de rois.

La domination des Romains ne s'imposa pas sans difficultés; de nombreuses révoltes compromirent leur autorité et, plus tard, comme ils ne s'étaient point mêlés à la population indigène, il ne trouvèrent point chez elle un appui sur lequel ils auraient pu compter pour résister à l'invasion vandale.

Attirés par le comte Boniface, les Vandales chassèrent les Romains d'Afrique et fondèrent un empire qui ne dura guère plus d'un siècle et demi (423-583); cet empire fut ensuite détruit par Bélisaire qui soumit tout le pays à l'autorité des empereurs d'Orient. L'occupation byzantine rencontra la plus vive résistance de la part des indigènes dont la soumission n'était même pas complète au moment où les Arabes vinrent à leur tour conquérir le nord de l'Afrique.

Ce fut en 646 que les Arabes vinrent imposer, d'une manière définitive, leur religion, leur langue et leurs mœurs aux populations de l'Algérie. Les débuts de la conquête furent difficiles; les Berbères opposèrent tout d'abord une résistance énergique. Une femme, la Kahina, qui souleva les habitants de l'Aurès mit, un instant, les conquérants dans une situation critique. Mais l'ardeur religieuse des Arabes était alors trop vive pour qu'aucune puissance fût capable de les arrêter. Bientôt les Berbères durent céder; ils se convertirent à l'islamisme et, dès l'année 711, ils prenaient part à la conquête de l'Espagne et rivalisaient de ferveur avec les plus dévots musulmans. Jusqu'en l'année 800, des gouverneurs nommés par les califes avaient administré le pays; mais, à cette époque, Ibrahim ben Elaghlab obtint du calife Haroun Errachid l'hérédité de ses fonctions de gouverneur et fonda ainsi la dynastie des Aghlabites. Les princes de cette famille reconnaissaient la suprématie spirituelle des Abbassides et recevaient d'eux une sorte d'investiture pour l'autorité temporelle. Ce fut sous le règne des Aghlabites que tous les Berbères acceptèrent définitivement la foi musulmane. Les Fathimites, qui leur succédèrent en 909, s'établirent en Égypte et abandonnèrent bientôt l'Algérie aux Zirites dont l'autorité ne fut plus acceptée par toutes les tribus, car une autre dynastie berbère, celle des Hammadites régna à la même époque sur le territoire de Bougie.

Les Almoravides n'occupèrent qu'une portion de l'Algérie, et ce ne fut que sous leurs successeurs, les Almohades, que prit fin la dynastie Hammadite. Sous le nom de Hafsides, une branche des Almohades conserva l'est de l'Algérie et la Tunisie, tandis que les Beni Zian fondaient un royaume à Tlemcen et étendaient leur autorité sur toute la province d'Oran et une partie de celle d'Alger. Les luttes intestines qui ont sans cesse déchiré les tribus berbères ont toujours facilité la conquête de leur pays et en 1515, avec une poignée de corsaires, Barberousse put, en quelques années, imposer à l'Algérie la domination turque. L'occupation des Turcs fut purement militaire : les pachas, puis les deys, qui exercèrent le pouvoir à Alger laissèrent à chaque tribu le soin de s'administrer sous direction de beys, aghas et caïds qu'ils désignaient, mais sans avoir sur eux une autorité réelle. Aussi, quand la France, pour venger l'insulte faite à son consul, chassa le dey d'Alger en 1830, les indigènes s'aperçurent à peine de la révolution qui venait de s'opérer en Algérie. Même avec la haine créée par la différence de religion et les excitations des nations musulmanes voisines, l'autorité de la France se serait facilement substituée à celle des Turcs, à la condition de ne pas intervenir autrement que le faisaient ces derniers, dans l'administration intérieure des tribus. Mais ce rôle qui eût, sans profit, nécessité des dépenses considérables pour l'entretien de troupes dont l'unique occupation aurait été de maintenir l'ordre au milieu de tribus agitées par des conflits incessants, ne pouvait nous convenir. La conquête complète fut donc décidée, et, malgré quelques fautes politiques, telle que la reconnaissance de l'autorité de l'émir Abdelkader, elle s'acheva assez promptement, grâce à la valeur des troupes françaises. Aujourd'hui, toutes les tribus ont perdu l'autonomie dont elles jouissaient du temps des Turcs ; les indigènes sont directement administrés par des agents à la solde de la France ; ils ont perdu presque complètement leur statut réel, et leur statut personnel est déjà profondément mo-

difié. Ils ont conservé toutes les pratiques
de leur religion et les rares tentatives de
prosélytisme qui ont été tentée soit par les
catholiques, soit par les protestants n'ont
donné aucun résultat : il ne convient pas, en
effet, de tenir compte des conversions opé-
rées sur les enfants recueillis à la suite de la
famine de 1867-68.

On voit par le rapide résumé qui précède,
que, depuis le xe siècle de notre ère, l'Algérie
a complètement cessé d'être soumise à des
princes arabes, et que, depuis ce moment, elle
a été partout aux mains de dynasties locales
et berbères. Sans l'invasion dite *hilalienne*,
qui vint au xie siècle amener un contingent
assez important de populations d'origine
arabe, on ne retrouverait plus aujourd'hui
une seule tribu qui pût, sans exagération,
revendiquer une communauté d'origine avec
les premiers conquérants musulmans. Cette
dernière invasion elle-même n'a pas contribué
à introduire beaucoup de sang arabe dans les
veines des Berbères. Les hommes qui la
composaient, habitués à la vie nomade, se
sont établis à part sur les Hauts-Plateaux,
dans le sud de la province d'Oran et au Maroc,
et on les retrouve encore aujourd'hui tels
qu'ils étaient quand, poussés par la faim, ils

avaient quitté autrefois les rivages de la mer Rouge. Les dynasties berbères qui régnaient à cette époque sur l'Algérie essayèrent plutôt de se débarrasser de ces hordes misérables que de les retenir au milieu de leurs sujets.

La distinction marquée par les termes de Berbères et Berbères arabisés est donc moins profonde qu'on ne se l'imagine ordinairement; elle tient surtout au milieu dans lequel ont vécu ces deux parties principales de la population algérienne, et elle n'implique ni une pureté absolue d'un côté, ni un métissage accentué de l'autre. L'argument que l'on a essayé de tirer des noms arabes de certaines tribus n'a aucune valeur au point de vue de l'origine des hommes qui les composent.

Malgré leur nom arabe, les Almoravides sont, à n'en pas douter, de purs Berbères, et il est impossible de nier que le fondateur de la dynastie des Almohades appartenait à une autre race que la race arabe. L'islamisme a fait rejeter l'usage des noms berbères pour les remplacer par des noms arabes et, quand on examine les généalogies que les tribus ont fournies à l'occasion de la reconnaissance de la propriété, on remarque que les noms arabes

des ancêtres récents font place à des noms
berbères chez les ancêtres les plus anciens.
Toutefois, le désir de s'attribuer une origine
arabe a fait souvent remonter à un nom arabe
pour l'ancêtre primordial.

CHAPITRE IX

Génie national. — Aptitudes. — Littérature et arts.

Les aptitudes des diverses populations que nous avons indiquées comme peuplant l'Algérie sont assez difficiles à établir. Plusieurs opinions contradictoires ont été émises à ce sujet qui touche à l'un des problèmes les plus importants de la colonisation algérienne. Ce défaut d'entente provient sans doute aussi de ce qu'on a voulu donner une formule générale sans tenir compte des divers éléments ethniques. Il est certain que les habitudes qui se prennent sous l'influence persistante du milieu amènent une notable modification des aptitudes qui en sont en quelque sorte la résultante. L'obligation de rester enfermé dans sa demeure, pendant l'hiver, a conduit le Berbère des montagnes à diriger son activité vers l'industrie, tandis que l'habitant de la plaine, sollicité au dehors par la douceur du climat, se livrait plus volontiers à l'élevage des troupeaux qui donne peu de peine et qui, cependant, lui fournit des moyens d'exis-

tence plus abondants que le travail manuel
n'en assure au montagnard. La culture inten-
sive indispensable pour tirer parti d'un sol
peu fertile s'est également mieux développée
dans les montagnes que dans les plaines où
la culture extensive suffisait à obtenir des
terres fécondes le complément que lui deman-
daient les pasteurs.

En général, le Berbère manque d'imagination et son esprit lourd ne lui permet pas de
s'appliquer avec succès aux œuvres d'art, ni
aux travaux de l'esprit. En revanche, il pos-
sède une grande facilité d'imitation qui, si
elle est bien dirigée, fera de lui un excellent
ouvrier pour tous les travaux qui n'exigeront
pas d'initiative personnelle. Sa constitution
robuste en fait un excellent auxiliaire des
colons dans les exploitations agricoles ; mais
ce valet de ferme modèle qui, sous la direction
de l'Européen, aura appris, par exemple, à
labourer dans la perfection, reprendra, dès
qu'il sera rentré dans sa tribu, les procédés
primitifs dont il connaît cependant tous les
inconvénients. Son activité physique semble
avoir diminué son activité intellectuelle : il
n'a plus d'initiative personnelle aussitôt qu'il
a satisfait ses appétits simples et grossiers.
Dans une société aussi divisée que l'est la

société berbère, il n'existe pas de sentiment national. L'égoïsme est poussé à un tel point qu'il ne peut y avoir d'entente commune et chacun vit pour soi sans souci du voisin. La religion qui, à un moment, a pu réunir les Berbères dans une même pensée, a beaucoup perdu de son influence, et les confréries religieuses auront peine à faire un faisceau des forces populaires. Le sentiment patriotique fait entièrement défaut, car la patrie, c'est le village ou même simplement la case dans laquelle on est né.

Chez les Berbères arabisés, l'équilibre entre les forces physiques et les forces intellectuelles est mieux établi. Ils sont moins résistants à la fatigue que les Berbères purs, mais ils rachètent cette infériorité par une certaine activité de l'esprit qui les rend aptes aux travaux de l'intelligence. De longs siècles d'indolence et d'apathie ont atrophié en partie ces aptitudes et il faudra encore attendre deux ou trois générations pour les ramener au niveau des peuples bien doués de l'Europe. Cependant, dès aujourd'hui, on peut utiliser ces qualités dans notre civilisation en se servant des indigènes les plus intelligents pour faire l'éducation de leurs coreligionnaires. Il faut, du reste, remarquer que les facultés

intellectuelles des indigènes ont perdu en
profondeur ce qu'elles ont gagné en surface,
car la moyenne des paysans de l'Algérie est
certainement supérieure en intelligence à la
moyenne des paysans d'une partie de l'Europe. D'un égoïsme moins étroit que les montagnards, les Berbères arabisés sont déjà
susceptibles d'une solidarité plus étendue;
franchissant les bornes du douar, la patrie,
pour eux, s'étend jusqu'aux limites de la tribu
et même quelquefois au delà. Le sentiment
religieux plus vif qui entraîne, au besoin, des
masses assez considérables dans une action
commune, donne l'apparence d'une unité nationale et constitue une sorte de fraternité.
Ce progrès, si faible qu'il soit, dénote cependant la possibilité d'élever à notre civilisation
la plupart des indigènes de l'Algérie.

La vie nomade offre un tel charme à ceux
qui l'ont goûtée dans leur jeunesse qu'il ne
faut pas songer à détourner de ce genre
d'existence les Arabes des Hauts-Plateaux
ou de la zone saharienne. Cette façon de
vivre a exercé un vif attrait même sur les
Européens, et parmi nos officiers on en trouverait, certes, plus d'un qui la regrette. Ces
chevauchées sans fin dans une nature sans
bornes, où la lumière donne aux choses les

plus communes un ton si vif et un relief si accusé, attachent l'esprit qui, au milieu de ce perpétuel mirage, peut donner un libre cours aux caprices de son imagination. Ces longues et constantes pérégrinations maintiennent le corps sain et robuste et l'ardeur du soleil, échauffant à la fois le corps et le cerveau, développe une imagination exubérante qui procure aux nomades la plus grande somme de leurs plaisirs. Les contes de la veillée et les chants des bardes créent dans leur esprit des mirages non moins fantastiques que ceux de la nature désertique. Comme le marin, le nomade a la nostalgie de la monotonie et de l'immensité ; il ne saurait vivre loin des grandes steppes où il mène sa vie errante au milieu des troupeaux qui constituent son unique richesse. La chasse à courre et la guerre de surprise et d'embuscade à la façon des Indiens des Prairies, telles sont les principales occupations des nomades. Aucun lien, si ce n'est la religion, ne relie entre elles les diverses tribus du Sud ; elles ne se rencontrent que sur certains marchés, absolument comme les équipages des navires qui sillonnent une même mer et qui ne se voient que de loin en loin dans quelque port où les a conduits le besoin ou l'intérêt.

10.

Les *Algériens*, avec leur imagination vive
et leur intelligence ouverte, sont admirablement disposés pour les arts et, en particulier,
pour la musique et la peinture. Avant peu,
l'Algérie sera dignement représentée dans ces
arts qui exigent moins de réflexion et d'études
pratiques que la sculpture et l'architecture.
Cette tendance à voir les choses au travers de
l'imagination se manifeste dans toutes les
actions des Algériens ; les limites de la fantaisie sont inconnues chez eux et les personnes douées d'un sens calme et mesuré ont
souvent peine à comprendre les idées origi-
nales qui naissent dans les cervaux algériens. Dans un pays neuf, une activité céré-
brale désordonnée n'a pas les inconvénients
qu'elle offrirait dans un pays fait ; elle offre
même des avantages incontestables en entre-
tenant dans l'esprit des projets chimériques
qui fraient la voie à d'autres plus pratiques.
Ceux qui, en 1848, haussaient les épaules,
quand ils entendaient demander qu'on votât
une somme considérable pour transformer
toutes les pentes de l'Atlas en un vignoble
immense, ne se doutaient guère qu'en 1885,
ce vœu chimérique serait à la veille d'être
réalisé. Malgré le nom qu'on leur donne et
qu'ils acceptent volontiers, les Algériens ne

sont point séparatistes; ils ne songent nullement à se détacher de la France pour former un état indépendant. Il serait d'ailleurs difficile de trouver en Algérie un point central qui pût servir de siège à une capitale; chaque département produisant les mêmes denrées qu'il ne peut exporter que dans les pays d'Europe se trouve en rivalité d'intérêts avec le département voisin, et ce seul fait économique rend toute alliance entre eux absolument impossible.

Les Juifs de l'Algérie ont surtout l'instinct du commerce des denrées ou de l'argent; même quand ils embrassent des professions libérales ou qu'ils s'adonnent aux arts, ils recherchent avec la même avidité les honneurs et la fortune. Chez eux le désintéressement est rare et leurs sentiments généreux ne se manifestent guère qu'à l'égard de leurs coreligionnaires. Cependant, dans ces dernières années, ils ont pris une part active aux mouvements de charité provoqués par diverses catastrophes dont l'Europe a été le théâtre et leurs souscriptions ont atteint un chiffre fort élevé.

Naturalisés en masse en 1870, les Juifs indigènes se trouvent dans des conditions très favorables pour fusionner avec les *Algériens*.

Cette fusion si désirable affaiblirait à la fois
le tempérament des deux races dans ce qu'il
a d'excessif ; les *Algériens* deviendraient plus
positifs et les Juifs plus aventureux. Malheureusement, la condition de la femme juive,
est trop voisine de celle faite à la femme arabe
pour qu'une chrétienne épouse un juif et les
jeunes filles juives qui accepteraient sans difficulté un mari chrétien rencontrent de la
part de leurs parents une vive opposition à
ces mariages mixtes. La religion, ici comme
ailleurs, est le grand obstacle contre lequel
viennent échouer les projets d'unions les
mieux assorties. Pour le moment, les alliances entre la population juive et la population musulmane sont absolument impos-
sibles, malgré une certaine communauté de
mœurs et de langage. C'est donc seulement
avec les Européens que les indigènes musulmans peuvent contracter des alliances, mais
il faudrait pour cela que la femme musulmane
fût émancipée du joug que lui imposent et la
loi et les mœurs. Cette émancipation n'est pas
impossible, et il est à souhaiter qu'elle se fasse
promptement, si faibles que soient les résultats qu'elle donnera au point de vue du relè-
vement de la race indigène.

Les Berbères n'ont point de littérature

écrite ; la tentative faite sous les Almohades pour créer une base sérieuse à des études litté-raires n'a pas abouti : le fanatisme religieux des dévots musulmans de l'époque redouta que la traduction du Coran en berbère ne donnât naissance à quelque nouveau schisme. Cette appréhension était, d'ailleurs, assez vraisemblable : le peu de perfection de l'ins-trument linguistique dont on faisait usage ne pouvait fixer d'une manière assez précise le sens du livre sacré pour empêcher une variété d'interprétations à laquelle la langue arabe n'avait pas su échapper malgré l'admirable régularité de son mécanisme grammatical. L'usage des caractères dont se servent les Touaregs était déjà perdu et l'alphabet arabe, si bien approprié à l'idiome coranique, est absolument défectueux quand il est appliqué à une autre langue. Les traductions d'ou-vrages de droit canonique ou de théologie que l'on connaît aujourd'hui et dont la date n'est pas fixée ne peuvent être considérées comme des productions littéraires. La lecture du poème de Saby, qui est une œuvre plus ori-ginale, confirme ce que nous avons dit plus haut de l'esprit et de l'imagination des véri-tables Berbères.

La littérature populaire se compose d'un

nombre assez restreint de chansons de guerre
et d'amour, de légendes, de contes et d'apo-
logues. Le recueil qui en a été publié par
M. Hanoteau ne donne pas une haute idée du
goût des Berbères et explique, dans une
certaine mesure, qu'ils n'aient jamais songé
à les mettre par écrit.

Les Berbères arabisés ne se distinguant
point des Arabes par leur langage, il est difficile de faire la part qui revient à chacun de ces
deux éléments dans la production littéraire
arabe de l'Algérie. Si les noms des auteurs
pouvaient être invoqués comme argument, la
plupart des ouvrages seraient dus à des
Berbères. La théologie, le droit et la gram-
maire, ont été les branches les plus cultivées ;
l'histoire a été plus délaissée, et quant à la
prose et à la poésie purement littéraires, elles
n'ont donné lieu à aucune œuvre qui mérite
d'être citée. Les chansons populaires, les
contes et les légendes se transmettent souvent
par écrit et sont parfois dignes d'attirer l'attention. Les indigènes des plaines ont un
tempérament littéraire bien supérieur à celui
des montagnards. Leur verve souvent gouail-
leuse sait formuler l'ironie et la satire en traits
vifs et mordants ; mais elle sait aussi donner
un tour gracieux et mélancoliquement poé-

tique aux éternels sujets d'amour dont le fond
est invariablement emprunté aux anciennes
poésies arabes. Il semble, du reste, que cette
supériorité des gens de la plaine est due à
l'apport du sang arabe : plus le sang arabe
est abondant dans leurs veines et plus ils
goûtent ces plaisirs raffinés de l'esprit, et
c'est avec un véritable dilettantisme qu'ils
écoutent durant des heures entières les bardes
qui parcourent le pays et viennent charmer,
par des récits sans fin, les longs loisirs de
leur existence vide et monotone.

La musique qui accompagne les récitations
de poésies est peu variée ; elle offre une assez
grande analogie avec nos airs rustiques et
serait peu goûtée des musiciens européens.
Cependant elle suffit, dans sa simplicité, à
relever, par une ritournelle, la cadence un peu
nonchalante du récitatif. Une flûte de pan
formée d'un simple roseau, une sorte de clarinette et un tambour de basque composent
tout l'orchestre des campagnards : dans les
villes, la viole et la guitare remplacent souvent
la flûte et la clarinette. La danse est considérée comme une distraction peu convenable ;
elle n'est jamais pratiquée par les femmes
honnêtes. La danseuse prend en cadence des
poses rarement décentes en faisant glisser

ses pieds sur le sol, avec une extrême lenteur, de façon à ce que les mouvements du torse soient seuls apparents. Chez les Berbères, un danseur mime quelquefois une scène d'amour avec une danseuse, mais, en général, les femmes seules se livrent à l'exercice de la danse.

Le Coran a prohibé la représentation des êtres animés par le dessin et la sculpture; aussi les musulmans n'ont-ils point d'artistes dans ces deux genres. Même dans les enluminures des manuscrits, il n'ont point essayé de contrevenir à cette prohibition; ils s'en sont tenus à un enlacement de lignes qui forment de gracieuses arabesques, et ils considèrent comme une grande témérité le dessin de quelques fleurs ou celui d'animaux fantastiques. Leur architecture est nulle comme ensemble; c'est par les détails seulement qu'elle se fait parfois admirer. Les minarets à base carrée sont peut-être les seuls monuments qui, par une harmonieuse proportion des dimensions méritent une mention spéciale. Sans autres ornements qu'un revêtement de faïences vernies, et un petit dôme supporté par quatre colonnettes qui se détache sur le faîte du minaret au-dessus d'une légère galerie, ces constructions sont véritablement

gracieuses. Les dentelles de stuc appliquées
sur les parois intérieures des mosquées, dans
la partie qui est, en quelque sorte, le chœur de
ces édifices religieux sont également dignes
de fixer l'attention. Les courbes enche-
vêtrées de ces dentelles ne sont point tout à
fait dirigées au hasard; la génération de ces
lignes est soumise à des principes généraux
au milieu desquels la fantaisie de l'artiste se
meut cependant avec une certaine liberté. Les
colonnes de marbre et leurs chapiteaux qui
se trouvent en si grand nombre dans les
édifices musulmans, proviennent de ruines
romaines ou d'ateliers européens. Les inscriptions funéraires taillées dans le marbre ont
cependant toujours été exécutées par des
ouvriers indigènes. Autrefois les boiseries
étaient admirablement fouillées, mais cet
art de sculpter le bois a presque entièrement
disparu et, dans les objets à usages domestiques, de grossières peintures en couleurs
voyantes ont remplacé les reliefs que les
anciens ouvriers savaient donner au bois.

Depuis longtemps déjà, les Juifs sont les
seuls joailliers et bijoutiers des indigènes de
l'Algérie. Cependant, les dessins qu'ils exé-
cutent paraissent être empruntés aux musulmans, et il est probable que si ceux-ci ont

abandonné cette fabrication artistique, c'est que leurs ouvriers n'ont pu soutenir la concurrence avec les ouvriers juifs.

En résumé, les races indigènes de l'Algérie possèdent des aptitudes suffisantes pour arriver, dans un avenir prochain, à un niveau égal à celui de la moyenne des nations européennes ; mais elles ne sauraient atteindre ce résultat d'elles-mêmes, et il est indispensable qu'elles soient guidées dans cette voie par une main ferme et une direction intelligente. Malgré les difficultés inhérentes à l'affermissement de la conquête, la France a déjà procuré à ces populations une amélioration sensible de leur existence matérielle et depuis deux ans elle a commencé l'œuvre de la réforme morale et intellectuelle par l'application d'une loi spéciale sur l'instruction des indigènes. Bien que la prise d'Alger date de 1830, il est juste de rappeler que la pacification de la Kabylie n'a été complétée qu'en 1860, et que c'est à partir de cette époque seulement que notre conquête a été définitive, tout en étant encore troublée de temps à autre par des insurrections qui parfois ont été sérieuses, témoin celle de 1871.

INDEX

TABLE DES MATIÈRES

FIN

ANGERS, IMP. A. BURDIN ET Cⁱᵉ, RUE GARNIER, 4.

BIBLIOTHÈQUE ETHNOGRAPHIQUE

VOLUMES PUBLIÉS :

SOUS PRESSE :

EN PRÉPARATION :

ANGERS, IMP. BURDIN ET Cie, RUE GARNIER.

www.ingramcontent.com/pod-product-compliance
Lightning Source LLC
Chambersburg PA
CBHW052218270326
41931CB00011B/2396